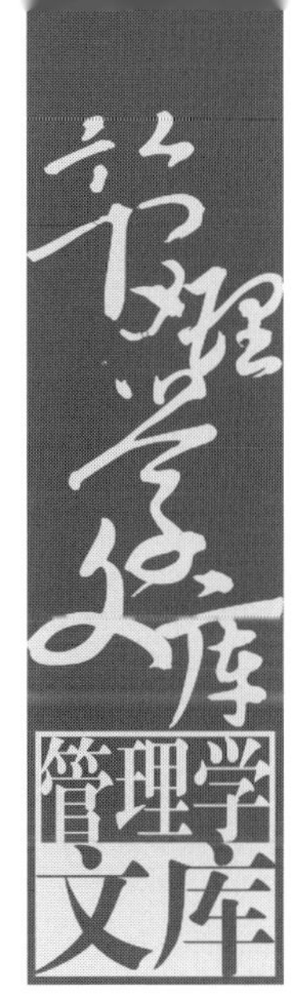

中国背景下职业成功观的结构、测量及其影响效应

周文霞 著

中国人民大学出版社
· 北京 ·

图书在版编目（CIP）数据

中国背景下职业成功观的结构、测量及其影响效应/周文霞著．—北京：中国人民大学出版社，2016.1

（管理学文库）

ISBN 978-7-300-22284-4

Ⅰ.①中… Ⅱ.①周… Ⅲ.①职业选择-研究-中国 Ⅳ.①D669.2

中国版本图书馆 CIP 数据核字（2015）第 301531 号

管理学文库

北京市社会科学理论著作出版基金资助

中国背景下职业成功观的结构、测量及其影响效应

周文霞 著

Zhongguo Beijing xia Zhiye Chenggongguan de Jiegou，Celiang jiqi Yingxiang Xiaoying

出版发行	中国人民大学出版社		
社　　址	北京中关村大街 31 号	**邮政编码**	100080
电　　话	010－62511242（总编室）		010－62511770（质管部）
	010－82501766（邮购部）		010－62514148（门市部）
	010－62515195（发行公司）		010－62515275（盗版举报）
网　　址	http://www.crup.com.cn		
经　　销	新华书店		
印　　刷	唐山玺诚印务有限公司		
开　　本	720 mm×1000 mm　1/16	**版　　次**	2016 年 1 月第 1 版
印　　张	10.5 插页 2	**印　　次**	2024 年 7 月第 2 次印刷
字　　数	143 000	**定　　价**	78.00 元

序

职业成功观是本书提出的一个新的理论构念，其内涵是指人们心目中评价职业成功的标准。本书通过一系列的相关研究清晰界定了职业成功观的内涵，确定了职业成功观的结构，开发了职业成功观的测量问卷，对其信度和效度进行了检验，并利用研制的问卷，探讨了个人职业生涯发展阶段（早期、中早期、中后期）、不同的组织类型（高校及科研院所、企业、国家机关）和性别对职业成功观的影响，检验了他们职业成功观的差异，还进一步探讨了职业成功观对人的心理和行为的影响作用，初步建立起了基于中国背景的职业成功观结构模型，为今后的研究提供了测量工具和研究框架。它是职业成功理论研究的进一步深化，对职业指导、个体职业选择和组织中的人员激励有重要的应用价值。

全书共由 7 章组成。

第 1 章是导论，主要介绍职业成功观理论提出的依据、研究的背景、研究的整体构想以及研究的价值。

第 2 章是相关研究成果的梳理与分析。通过对职业成功和职业价值观这两个密切相关又很少交叉的研究领域相关研究成果的梳理和分析，发现职业成功研究领域关注的主观职业成功标准具有价值观的全部特征，却没有这方面的研究；而在职业价值观领域，多有择业观方面的探讨却缺少对职业成功观的关注，由此找到了研究的切入点和新空间，将职业成功标准结构化，使之变得可以测量，并以职业成功观对其进行命名。

第 3 章至第 6 章是本书的主体内容，分别是围绕职业成功观的一系列不可分割的研究——职业成功观结构的归纳性研究、职业成功观的测量、职业成功观的差异检验以及职业成功观的影响效应。通过文献识别、深度访谈、开放式问卷等定性研究方法收集资料，通过对收集的资料编码、归类提炼出职业成功观的九个维度，并依据文献的提示将其归入内部成功标准、外部成功标准、混合标准三个类别，形成了职业成功观问卷的初始项目。严格遵循开发测量工具的程序和方法要求，用项目分析、探索性因素分析等手段对初始问卷进行修订，用验证性因素分析、相关分析、信度分析等方法对修订后的问卷进行结构效度、构念效度和信度的检验。研究结果表明，由 3 个维度 21 个项目构成的职业成功观问卷结构维度清晰，理论含义明确，项目数量合理，信度和效度符合测量学的要求，能涵盖职业成功观的本质内容。依据其内涵和本质，职业成功观的 3 个维度分别被命名为内在满足、外在报酬、和谐平衡。在此基础上，以 969 个被试者为样本，以职业生涯阶段（以年龄分组）、组织类型、性别为自变量，运用多元方差分析方法进行职业成功观的差异检验，得出的结论是职业生涯阶段、组织类型、性别这三组变量在职业成功观上存在显著差异，职业生涯阶段和组织类型在职业成功观上存在交互作用。本书还以大学生和企业员工为样本，分别研究了职业成功观的直接影响效应和调节效应。

第 7 章是对整体研究结果的概括和总结。

本书的主要贡献在于：

（1）提出了职业成功观的新构念。在职业成功和职业价值观领域的交汇处找到新的结合点，提炼出职业成功观的新构念。脱离以往研究中对职业成功标准究竟是主观还是客观的争论，用职业成功观概括人们心中的职业成功标准，更有助于揭示职业成功概念的内涵和本质，更有利于职业成功理论的构建，也更容易对职场上的职业成功陷阱进行解释。

（2）开发了职业成功观量表。在管理学的研究中，要想使好的构念能够运用于实际，就必须使该构念能够被有效测量。研究结果表明，新开发的量表理论上合理，信度、效度较高，为了解人们的职业成功观以及进行跨文化职业成功观比较研究提供了测量工具。用研制的量表进行职业成功观的差异检验，发现了人们职业成功观的不同，并探讨了职业成功观的影响效应。这是职业成功观效度的又一证明。

（3）研究方法上有所突破。将定性研究与定量研究相结合，首先通过类似扎根理论的归纳性研究探索职业成功观的结构，建立职业成功观的初始量表，并通过探索性、验证性因素分析等手段对量表进行信效度检验，克服了单一研究方法的不足。本书的研究证明，将在定性研究中获得的结论用定量的方法进行检验，是提出新的理论构念恰当而有效的研究战略。

目　　录

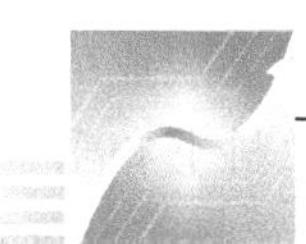

第1章

导　论

1.1　问题提出与研究背景

1.1.1　问题提出

我们所处的时代是一个处处追捧成功的时代，也是一个难以定义成功的时代。虽然人人都渴望获得职业上的成功，但人们心目中职业成功的标准常常是不一样的。有人说职业成功就是通过工作获得大量的钱财或显赫的名声，财富和地位似乎成了职业成功的全部象征；有人认为成功不是财富的积累，而是获得幸福感；有人强调名利的收获是一时的成功，唯有人格的高大才是永久的成功；有人说成功就是能过上自己想过的生活，同时对社会有所贡献。这说明虽然人们都渴望获得职业上的成功，但在使用同一个概念表达自己的想法时，其内涵具有极大的歧义。当然也有人更强调职业成功的主观感受，强调每一个人都可以采用自己的标准定义职业成功。即使是那些传授职业成功秘籍的书籍，甚或在一些教科书和学术文献中，职业成功的含义、标准也是含混的，甚至只可意会而不可言传。那么，职业成功的评价标准究竟是什么？如果说职业成功作为一个评价性的概念，取决于评价者的价值观念，因而具有历史性和个体差异性，那么现代中国人心目中的职业成功标准是什么？不同人心目中的职业成功标准有什么不同？这些差异是如何造成的？不同的职业成功标准又会对个人产生怎样的影响？这就成了吸引我不断去思考和探讨的问题。我并不期望找出一个明确的答案，但我相信美国著名社会学家艾尔·巴比（Earl Babbie，2005）的一句名言“社会科学中没有不可测量的事情”，我们可以通过科学的手段对各种各样的答案进行归纳分析和探索验证，使“职业成功”这个在生活中被人们广泛使用而又模糊不清的词汇转化成可认知、可测量的概念，这正应该是科学研究的任务。

抱着这样的想法，我开始了大量的文献查阅工作。我想验证一下将职业成功的标准及其相关因素作为学术研究的选题，只是个人的兴趣还是一个引起学者普遍关注的问题以及关于这一问题的相关研究成果，以进一步掂量选题的价值。西方的学术文献中有数以千计研究职业成功的论文，大多定位于研究影响职业成功的因素。为了满足研究的需要，研究者通常都会把晋升和加薪作为职业成功的客观标准（Kotter，1982；Jaskolka et al.，1985；Gattiker & Larwood，1989），也有学者关注职业成功的主观标准（如职业满意度等）（Howard & Bray，1988；Greenhaus，Parasuraman & Wormley，1990；Hugh & Peter，2005）。但很少有人将职业成功的标准作为专门研究的主题进行实证研究（Judge & Bretz，1994；Peter，2005），因而也就缺少一个界定清晰的职业成功的概念和标准。在国内的各种商业期刊和通俗杂志上，“成功”或“职业成功”是出现频率很高的词汇，但从学术上对它进行的研究却极为少见。在概念的内涵和外延还没有弄清楚的情况下大谈职业成功，不仅会导致理论上的混乱，也会在实践上令人无所适从。因此，我更加感觉到对职

业成功标准进行研究的必要性。令人兴奋的是，《组织行为学杂志》（*Journal of Organizational Behavior*）2005年第5期发表的一组文章，专题讨论了职业成功的概念和标准问题，这不仅给了我极大的心理支持，同时也说明学术界并不是象牙之塔，理论研究也不是空中楼阁，学者们提出的学术问题通常都是有深刻社会背景的。

1.1.2 研究背景

20世纪70年代以来，市场竞争的日益激烈、信息技术的飞速发展以及人们需求的日新月异，使得企业组织的生存发展状态和环境发生了巨大的变化。战略重组、结构扁平化、兼并、裁员等成为组织应对市场竞争和挑战的常用方法和手段，由此带来了个人职业生涯发展模式以及组织和员工之间心理契约的深刻变化（Arthur & Rousseau，1996）。

在传统的条件下，组织的生存环境是稳定的，组织金字塔式的结构也相对稳定，变化不大。组织和员工之间的关系是一种长期雇佣的关系，一个人常常一生为一个组织服务，在这个组织中按照组织设计好的连续职业序列阶梯向上发展（Eby et al.，2003）。传统职业生涯发展模式是一种直线式的等级结构，在很多组织中，为员工设定的职业生涯路径都是等级繁多、带有科层制的职务体系，较高的等级往往意味着较大的权力、较重的责任和较高的工资收入水平，当然传统的职业生涯方式还包括专家型的职业发展模式，即终生在某一专业领域里工作，知识经验随着年资的增长越来越丰富、逐渐成为专家并受到人们的景仰，这也是一条不断向上的职业发展路径。在这种情况下，组织和员工之间相互承诺、相互忠诚。通常人们衡量职业成功的标准就是职位提升的速度和薪资达到的水平（Judge et al.，1995）。然而现在的情况有了很大的不同。由于商业环境的变化和知识技术的革新，那种由若干阶段组成的、垂直向上的传统职业生涯模式，逐渐被一系列较短的学习循环阶段、多变的职业发展路径代替（Hall，1996）。企业越来越无力保证为员工提供稳定的工作、持续上升的职业发展空间、清晰完整的职业通道和终身就业的机会，员工也意识到自己随时可能面对职业危机。原先稳定的职业生涯发展模式和相互忠诚的心理契约被多变性职业生涯发展模式和新型的心理契约取代，组织内雇佣关系发生了重大变化，个人以忠诚和尽职尽责换来的工作稳定感已成为昔日美好的回忆，雇佣双方尤其是个人原有的心理平衡被打破，他们对组织失去了昔日的信任和忠诚。既然组织无法为员工提供终身就业的保障，员工也不必“从一而终”，他们会主动选择其他发展机会而不是一味等到自己被组织裁掉。所以我们可以看到，一方面组织在大量地招聘和不时地裁员，另一方面员工在不断地应聘和频繁地跳槽，虽然稳定的职业生涯发展模式依然存在，但是跨组织、跨行业、跨地域、跨国界的职业流动变得越来越频繁（DeFillippi et al.，1994）。在这种职业生涯发展过程中，每个人的职业生涯发展历程由多个被缩短了的职业生涯阶段组成：探索、试错、建立和掌控。一个人在不同的生命阶段将尝试从事多个工作岗位和涉足多个工作领域，人们可能会不断地寻找新的工作机会和新的职业机会，不断地试错，直至找到最适合自己的职业发展领域，有的人甚至一生都在变换不同的工作和不同的职业（Hall，1995）。图 1—1 就是这种多阶段的职业生涯示意图。在这种充满不确定因素的雇佣环境下，员工更加关注的是在组织中自己学习和成长的机会以及被雇佣能力的提高，希望以此来抵消新经济条件下随时面临的失业风险。员工和组织的关系更多变成了利益交换关系，长期雇佣的承诺让位于自己对自己负责，组织保障变成了自我保障，个人需要更多的自我职业生涯的管理。

西方学者很早就敏锐地观察到了这一变化（Hall，1995，1996；DeFillippi & Arthur，1994；Arthur，Inkson & Pringle，1999），并意识到这种职业生涯模式的变化必然带来职业生涯成功评价标准的变化（Eby，Butts & Lockwood，2003）。他们指出，用晋升、财富作为衡量人们职业成功的标准，会给更多的人带来挫败感、压迫感，因为组织的高级职位本来就少，组织结构扁平化之后，中层职位也在急剧减少，致使越来越多的人过早地进入职业高原区；从薪酬上看，组织常采用减薪的措施应对竞争，特别是不发达国家的廉价劳动力加入竞争以后，使得加薪的幅度减小。组织用来帮助其成员获

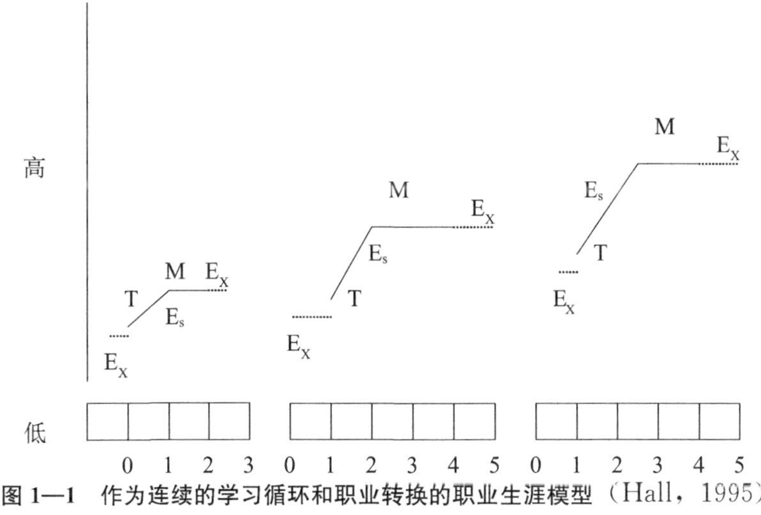

图 1—1 作为连续的学习循环和职业转换的职业生涯模型（Hall，1995）

说明：图中，E_x 表示探索；T 表示试错；E_s 表示建立；M 表示掌控。

得晋升和加薪的资源变得越来越少，在这种情况下，组织应转换思路，提升人们的内部成功感，如能力、知识的提升，工作经历和职业的满意度等，学者们注意到，只要员工相信组织在帮助自己获得积极的职业经历，他们就会对组织更加忠诚，对工作更加努力。很多学者提出，在知识经济时代，人们也更加注重心理上的成就感而不仅仅是晋升和加薪，需要采用新的职业成功标准，即在评价职业成功时，应同时对职业成功的客观和主观评价加以综合考虑（Howard & Bray，1988；Gattiker & Larwood，1989）。还有学者提出，将职业成功视为一种心理感受有一定的个人心理价值，但毕竟缺乏客观指标。当今世界竞争加剧，组织的稳定性降低，人员的流动性增加，失业和再就业变得更加普遍。能不能保住现有的职位不被组织裁掉，以及再就业的难易程度等，都是职业成功的指标，因此衡量职业生涯成功的综合指标是个人的职业满意度、在组织内部和组织外部的市场被雇佣能力（Eby，Butts & Lockwood，2003）。

中国职场上的变化与西方具有很高的一致性，但我们比他们落后了几十年的时间。在计划经济条件下，我国的就业制度是国家"统包统配"，一个人一生的职业发展模式基本上是被规定好的。从国家把你安排给一个单位、分配给你一份工作起，你就开始捧上了职业的“铁饭碗”，与众人一起分享与你的能力、特点、贡献并不相干的“大锅饭”。你的职业生涯似乎不是你的事儿，因为你决定不了什么。没有选择，自然就谈不上管理。于是，职业意识萎缩、职业生涯管理理念和实践缺失就成了那个时代的必然现象。市场经济唤醒了人们的职业意识，催生了人们对职业生涯管理的需求。职场上的变化以及由此带来的人们职业心理的变化成为改革开放以来中国社会最深刻的变化之一。择业观念、就业方式、职业发展路径、职业成功标准，这一切与30年前相比有了极大的不同。从个人方面来说，自主择业、双向选择、竞聘上岗、裁员解聘、职业流动等，在加大个人职业压力的同时也开发了人们的职业活力。当代中国人在个人的职业生涯发展中拥有了越来越多的选择机会和自主权力，同时也意味着个人对自己在职业上的成败负有越来越多的责任。它迫使人们对自己的职业生涯担负起自己的责任。从组织方面来看，要吸引和留住优秀的员工，就必须满足员工对自身职业发展的需要，将组织发展目标同个人职业发展目标整合起来。特别是在一个失去终身就业机会的时代，能不能提升员工终身就业的能力就成为一个组织是否具有吸引力的重要标志。对员工职业生涯的规划与开发已开始成为很多组织人力资源管理工作的一个重要组成部分。于是，职业生涯管理也逐步从一个鲜为人知的学术概念演变成了组织和个人身体力行的实践，这种实践又进一步引发对职业生涯管理理论的需求，包括如何看待、评价人们的职业成功，只是与实践的需要相比，这方面的研究大大滞后了。

总之，由职场上人们生存环境的变化引发的人们职业价值观的变化，凸显出研究这一问题的必要性和紧迫性。

1.2 研究的总体构想

1.2.1 研究目的

本研究旨在清晰界定职业成功观的内涵，确定职业成功观的结

构，开发职业成功观的测量问卷，对其信度和效度进行检验，利用研制的问卷，探讨个人职业生涯发展阶段（早期、中早期、中后期）、不同的组织类型（高校及科研院所、企业、国家机关三个组织类型）和性别对职业成功观的影响，描述分析他们在职业成功观上得分的差异，初步建立起基于中国背景的职业成功观结构模型，并进一步探讨职业成功观对个人心理与行为的影响，为后续研究提供测量工具和研究框架，以推动职业成功理论研究的进一步深化，为职业指导、职业选择和组织中的人员激励提供心理依据。

1.2.2 研究方法和步骤

在管理学的研究中，最通用的研究方法是定量研究。但近年来定性研究的方法（包括归纳法、扎根方法）也逐渐受到青睐。徐淑英和刘忠明（2004）回顾了1990—2000年间在国际核心期刊上发表的有关中国企业研究的文献，发现在这些文献中引用频率最高的研究，作者采用的大多是归纳法或扎根理论的方法。定量研究和定性研究各有其特点。定量研究十分强调研究程序的标准化、系统化和操作化，注重现象之间的相关性，能够有效地建立起变量之间的联系，但是在解释联系之间的原因时会显得能力不足；而定性研究能够帮助解释变量之间的联系。另一方面，定量研究一般都是从研究者事先设定的假设出发，通过收集数据对其进行验证；而定性研究强调从被研究者的视角理解他们行为的意义和对事物的看法，在此基础上提出假设或构建理论。两种方法互相补充而不是互相排斥。研究方法的选择应该从属于研究的目的，挑选没有脱离具体研究问题的所谓最好的研究方法。

职业成功观是本研究提出的一个新构念，先前没有相同研究主题文献的积累，我们对职业成功观的内涵和结构也无确切的了解。艾森哈特（Eisenhardt，1989）认为当研究的现象还不明了，现有的理论不能对研究对象进行合理解释的时候，使用扎根理论的研究方法是理所当然的，徐淑英和刘忠明（2004）也提出，在中国背景下研究中外企业，要准确把握复杂的中国背景，要得到内部效度和外部效度较高的模型，运用扎根理论的研究方法是必不可少的。

遵循以上建议，为了实现设定的研究目的，本研究将采用定性研究和定量研究相结合的方式。首先采用归纳的方法来定义职业成功，探讨职业成功观的内部结构，再用定量的方法验证归纳性研究获得的结论。“一旦这些运用归纳法和本土研究发展出来的理论再通过演绎验证被确认、修正或详细阐述后，对于类似的问题，我们就可以对在中国产生的知识和从已有的文献中产生的知识进行比较。”（徐淑英、刘忠明，2004）

具体步骤是：

第一步：用访谈法和开放式调查获得职业成功观（人们心目中的职业成功标准）的资料，对数据进行编码和归类，形成职业成功标准的条目，概括提炼职业成功观的维度。

第二步：按照开发量表的程序（Hinkin，1995），对从访谈和开放调查中获得的项目进行合并，形成初步问卷。

第三步：进行试调查，修改问卷。

第四步：进行正式调查，对调查结果进行探索性因素分析，确定职业成功观的维度。

第五步：用另外一组数据通过验证性因素分析以及其他形式的信度和效度检验形成最终的职业成功观问卷。

第六步：运用方差分析的方法检验不同职业生涯阶段、不同组织类型、不同性别的人在职业成功观上得分的差异，分析可能的原因。

最后，以职业成功观作为自变量和调节变量，检验职业成功观对个体心理和行为影响的直接效应和调节效应。

1.2.3 研究的框架与结构

本研究由 7 章组成，其中包括 5 项各自独立又紧密联系的研究。第 1 章是导论，主要阐述研究的问题和背景、研究的目的和方法、

研究的价值和意义，目的在于对整个研究做一个总体的概括性说明。第2章是文献回顾，对与研究主题相关的两类文献——职业成功和职业价值观进行广泛的回顾与评价，用以说明本研究的起点、理论基础、与先前研究的关联以及从文献角度论证本研究的必要性和可行性。从第3章到第6章，是五项主体研究。第3章介绍第一项研究——对职业成功观结构的归纳性研究，用定性研究的方法，通过访谈和对访谈资料的层层分析，归纳出职业成功观的结构维度，并初步形成职业成功观问卷的项目。第4章介绍第二项研究——职业成功观的测量，着重说明职业成功观问卷的编制、修订与检验过程。第5章介绍第三项研究——职业成功观的差异检验，运用多元方差分析的方法检验不同职业生涯阶段、不同组织类型、不同性别的人在职业成功观上的差异，并解释差异的原因。第6章包括两项研究，一项是检验职业成功观的直接效应，即职业成功观对大学生择业倾向的影响；一项是检验职业成功观的调节效应，即职业成功观在职业成功和幸福感之间的调节作用。第7章是对整个研究的总结和对未来研究的建议。

1.3 研究的价值和意义

1.3.1 理论价值

从理论的角度看，本研究的价值在于为完善职业生涯管理理论体系的基础概念和拓展研究空间方面所做的努力。概念是理论之网的网上扭结，清晰地界定概念是将知识结构化的一种有效方式。目前人们越来越关注职业生涯管理这一研究领域，而职业成功也成为人们热切追求的人生目标之一。如前所述，职业成功是一个评价性的概念，对职业成功的评判取决于作出评判的人（Trice Jaskolka，1985），人们用来评价职业成功的标准常常因人而异，它和人们的价值观紧密联系在一起，或者说它就是职业价值观的重要组成部分。本研究首次提出职业成功观的概念，力图清晰界定其内涵，拓展和深化职业成功以及职业价值观的研究，开发职业成功观的问卷，使这一概念变得可以测量，丰富人们对职业成功的认识，为人们了解自己的职业成功观提供工具，为跨文化的职业成功观研究提供比较的基础。

1.3.2 实践意义

从应用的角度看，职业成功理论的影响更为广泛。职业成功观是指人们究竟如何定义和评价职业成功这一现象，它是一个人职业价值观的重要组成部分，陈述的是个人的偏好，是一个人职业行为的内在动机和驱动因素，对人们的行为起着激发和调整的作用。在人力资源管理领域，了解了组织成员心目中的职业成功标准，就可以为有效地激励他们提供理论依据；在教育领域，开展职业成功观教育，有助于我们的教育体系重新审视教育的目标，引导学生理智地追求职业成功；在职业指导领域，有助于帮助求职者树立适合自己的求职目标，进行合理的职业定位，拓宽职业成功的路径，避免陷入职业成功的陷阱。

第2章 职业成功研究回顾

与本研究密切相关的有两大类研究，一是有关职业成功方面的研究，二是有关职业价值观方面的研究，它们构成了本研究参考的重要文献基础。

2.1 关于职业成功的研究

西方对于职业成功问题的研究最早似乎可以追溯到1934年牛津大学出版的《预测职业成功》(Thorndike，1934) 一书，至今已有80多年的历史。在英文学术期刊数据库ABI中，以“职业成功”为主题词查询，可以发现上千篇相关文献。这些期刊包括《管理学会杂志》(*Academy of Management Journal*)、《行政管理科学季刊》(*Administrative Science Quarterly*)、《职业开发季刊》(*Career Development Quarterly*)、《人际关系》(*Human Relations*)、《应用心理学杂志》(*Journal of Applied Psychology*)、《职业开发杂志》(*Journal of Career Development*)、《管理学杂志》(*Journal of Management*)、《管理学研究杂志》(*Journal of Management Studies*)、《职业和组织心理学杂志》(*Journal of Occupational and Organizational Psychology*)、《组织行为学杂志》,《社会心理学杂志》(*Journal of Social Psychology*),《职业行为杂志》(*Journal of Vocational Behavior*)、《组织科学》(*Organization Science*)、《组织研究》(*Organization Studies*)和《个体心理学》(*Personnel Psychology*)等。研究文献大多涉及职业成功的定义、评价标准和影响职业成功的因素三方面的内容。我国对职业成功的学术研究起步较晚,2004 年当我初步确定论文研究主题时,在中国期刊网上几乎找不到相关的研究文献,2005 年后这一局面有了改观,国内心理学、社会学、组织行为学以及人力资源管理研究领域的一些学者开始呼应西方学者的研究,并尝试检验西方职业成功理论在中国的有效性。

2.1.1 职业成功的概念

《现代汉语词典》对成功一词的解释是"获得预期的结果"。英文中的"成功"(success)一词起源于拉丁语 succedere,其含义是"随后"或"继承"。后来指事情的发生或结局,无所谓好坏之分。但从 16 世纪起,它开始表示一种积极的结果,如公认的成就、实现了的个人意愿,而现在更多地是指获得的财富或特定的位置(Hugh et al.,2005)。与此相关联,在西方的学术文献中,职业成功通常被定义为一个人所累积起来的积极的心理上或者与工作相关的成果或成就(London et al.,1982)。这一定义是伦敦(M. London)和斯顿夫(S. A. Stumpf)1982 年在《职业管理》(Managing Careers)一书中最早提出的,此后得到学者广泛的认同和大量的引用,几乎所有讨论职业成功的论文和研究报告都沿用了这一定义。也有学者在此基础上进一步引入了时间的概念,将职业成功定义为"个体在过去的时间里实现的一系列与工作相关的期望成果"(Arthur,

Khapova & Wilderom，2005）。既然人们认同职业成功以个人心理上或工作上的成就为标志，那么必然有一个对成就的衡量标准。而在对职业成功标准的讨论中，学者们持有不同的观点，这些不同的观点体现出时代变化的特征。根据评价主体的不同，学者们将职业成功区分为客观成功和主观成功两类，由社会、组织、他人对个体进行的评价，更多地采用客观标准；而自我的评价，更多地运用主观标准（Gerard，2003）。同时西方学者一般把 20 世纪 80 年代以前的职业环境称为稳定的职业环境，认为在这种环境中工作的人们有着稳定的职业生涯或传统的职业生涯，客观成功是人们更认同的职业成功标准；把 20 世纪 90 年代以后的职业生涯称为易变性职业生涯或无边界职业生涯（DeFillippi et al.，1994；Hall，1996），在这一阶段，职业成功的标准越来越多元化，主观的职业成功标准得到了更多的强调。

学者们认为，职业成功之所以被区分为客观成功和主观成功两个维度，是因为职业生涯这个概念本身具有二元性的特征，这也反映在其语源学的根基中（Nigel et al.，2005）。“职业”（career）一词在拉丁语中有“一条小路”或“路径”的意思，将这一概念引入职业研究领域，常被解释成职业生涯，指“贯穿于个人整个生命周期的、与工作相关的经历的组合”（Jeffrery et al.，2000）。职业生涯就是一个人的职业发展旅途，从事各种职业的个体就是职业风景画中的旅行者。把这个比喻扩展一下，职业的二元性相对应的一个是心路历程、旅行者的经验世界，即主观职业发展；另一个就是风景画外显的特征以及旅行者在其中的位置，即客观职业发展（Nigel et al.，2005）。所以，职业生涯的定义既包含客观部分，例如工作职位、工作职责、工作活动以及与工作相关的决策，也包括对工作相关事件的主观知觉，例如个人的态度、需要、价值观和期望等。职业成功的标准也就必然可以从客观和主观两个方面来评价。

2.1.2　职业成功的标准

为了使职业成功变得可以测量，一些学者对职业成功的定义作了进一步引申，如亚斯科尔斯卡、拜耳和特赖斯（Jaskolka，Beyer & Trice，1985）强调，职业成功是一种评价性的定义，对职业成功的判断依赖于谁来作出这种评价。依据评价主体的不同，可以将职业成功分为客观成功和主观成功两类（Hughes，1958；Judge et al.，1995）。由他人作出的职业成功的评价往往以一些客观和可见的标准为基础，例如薪水以及晋升的次数。研究者通常把这种类型的职业成功定义成客观成功。客观的职业成功就是可以观察到的职业成就，这种成就可以用报酬、晋升的次数、可支配的权力、拥有的财富之类的外部尺度来衡量（Gattiker & Larwood，1988；Judge & Bretz，1994；Kotter，1982）。职业成功也可以由被评价者本身作出判断。由于职业表现为一个人终身承担的一系列与工作相关的职责（London & Stumpf，1982），因此，有学者把主观职业成功定义为个人对目前工作和职业的满意度（Judge et al.，1995），即个人从其所从事的职业的内部或外部所获得的满意度，包括收入、成就、晋升以及发展的机会等（Greenhaus et al.，1990）。研究发现，很多人从外部标准来看是很成功的，但是他们本人感受不到自己的成功，或是对其所取得的成就并不满意（Korman et al.，1981），这说明客观职业成功和主观职业成功的评价标准并不总是重合的。因此，有学者提出，不仅区分主观成功与客观成功两种不同的评价标准是必要的，而且对职业成功的客观和主观的评价同时加以考虑也是非常重要的（Gattiker et al.，1989），研究的进一步深化还应该关注客观职业成功与主观职业成功之间的关系。遗憾的是，关于这方面的研究还比较少见。

1. 职业成功的客观标准

在西方的学术文献中，大多数经典的关于职业成功的研究使用的是所谓职业成功的客观标准，而不是个体对自身成功所作出的评价——主观感知的职业成功。亚瑟等（Arthur et al.，1996）统计了1980—1994年间公开出版的主要杂志所刊载的关于职业成功的文章，发现75%以上的都是从客观角度来研究职业成功的，客观的职业成功标准包括总体报酬、晋升次数和其他关于成就的外部标志。例如，维克托等（Victor et al.，1999）提出，客观的职业成功应该由诸如

工作职衔、薪水或者晋升等外在尺度来进行判断，这种观点非常具有代表性。也有学者在研究中使用工作地位和晋升（Thorndike，1963；Aryee et al.，1996）、声誉和头衔以及任职年限（Kotter，1982）等标准。这说明研究者们有一个基本的假设，即作为职业发展的标志性成果，薪酬和晋升可以成为衡量职业成功最有效的指标，这些指标被假设为人们普遍追求和认同的职业成功标准（Peter，2005）。因此，在有关职业成功的研究文献里充斥着旨在预测并最终有助于人们获得职业成功的理论、模型以及干预的计划（如 Krumboltz，1994；Holland，1997；Chartrand & Rose，1996），研究者们似乎并不关心个人是如何定义职业成功的，而是更关注到底哪些因素影响着一个人所取得的客观成功，薪酬和在组织中的地位成为客观成功的操作化定义。这些客观标准在研究中的优势就在于它可以从已经存在的记录中获取，不用通过自陈量表的方式来收集信息，因此排除了被试者因主观原因导致的偏差（Peter，2005）。

尼格尔·尼科尔森等（Nigel Nicholson et al.，2005）对客观职业成功的标准作了更深入的探讨。他们对于客观成功的定义与先前其他学者的定义基本一致，认为客观成功由职业旅途中所取得的可证实的、可观察到的价值成果构成。但他们扩大了客观职业成功的范围，把客观职业成功限定在两个重要的方面：资源和其他能够获得优势和富足的条件，并引用了比较人类学提出了六个客观成功的指标：地位和头衔（等级位置），物质成功（财富、财产、收入能力），社会声誉与尊敬、威望、影响力，知识与技能，友谊、社交网络，健康与幸福。他们进一步指出，在每种社会中这些指标都是非常重要的，虽然它们的排列顺序会随情境而发生改变，但无论如何变化，地位都是最重要的，在每一个社会中都排在最前列，因为它具有集多种资源于一身的特征。拥有社会地位就拥有了获得各种资源的条件和机会。财富也与地位最直接相关。他们认为，以上所列出的六个结果都存在逻辑和功能上的联系，随着社会体系的不同，其相互联系的力度和持续性则会不一样。如果一个人拥有其中之一，就有机会得到其他的五个，特别是当一个人拥有很高的地位时，其获得其他结果的可能性就大大增加了，有时甚至会成为必然（Nigel et al.，2005)。

以上各项研究有一个共同的特点，就是都对职业生涯的内涵作了很严格的限制，它们都强调职业生涯是一个稳定的、长期的、可预测的和组织驱动的纵向移动系列。因此，职业生涯的外部特征获得了更多的关注。从历史唯物主义的观点解释，人们对概念的认识和概括，反映了特定的社会存在状况。正如在本书导论中所论述的那样，20世纪80年代以前人们处在稳定的职业环境中，其标志就是组织生存的外部环境是稳定的、可以预测的，组织内部具有稳定的金字塔式结构，一个人终身为一个组织服务，并按照组织事先设计好的职业发展阶梯向上攀登，由此形成了组织和其员工之间的长期雇佣关系。在这种线性的职业生涯结构中，较高的等级往往意味着较大的权力、较重的责任和较高的薪金收入。因此，薪金和地位常常成为一个人职业成功的外部标志。通常人们衡量职业成功的标准就是职位提升的速度和薪资达到的水平，即客观标准。

2. 职业成功的主观标准

桑代克（Thorndike，1963）给出了职业成功的操作性定义，他以工作满意度作为主观标准、以收入和工作地位等作为客观标准来衡量职业成功。虽然在稳定的职业生涯环境中对主观职业成功的研究受到了忽视，客观职业成功标准主导了后续对职业成功的研究，但这并不意味着主观标准一点也没有进入研究者的视野。事实上，也不断有学者提示主观职业成功研究的重要性。勒文、登博、费斯廷格和西尔斯（Lewin，Dembo，Festinger & Sears，1944）讨论和研究了被他们称为心理的、自我感知的成功的本质。他们观察到，有许多理由可以让人相信，自我定义的成功和外部定义的成功常常是非常不相关的。基于职业生涯概念的二元性和完整性，休斯（Hughes，1958）强调，仅从诸如收入、晋升、工作层级和工作流动性等能从外部证明个人职业生涯有效性的方面来定义职业成功是危险的。休珀（Super，1970）也曾经指出，“成功不仅仅是一个社会的客观问题，也是一个个人的或者主观的问题。”但这一呼吁在当时没有引起足够的重视。直到20世纪七八十年代，主观职业成功的问题才开始引起越来越多学者的关注。亚瑟等（Arthur et al.，

2005）在一些有代表性的主要以实证研究为主的公开发行的社会科学期刊中选出了从 1992 年至 2002 年发表的 68 篇有关职业成功的文章，就其研究的主题进行了统计分析。结果显示，有 53 篇文章（占 78%）提到主观职业成功，有 49 篇文章（占 72%）在他们的研究中运用了主观职业成功标准，有 10 篇文章（占 15%）只讨论了主观职业成功，而在 1980—1994 年公开发表的相关论文中，有 75%都是只讨论客观标准。这表明学者们对于主观职业成功的关注度比起以前大大加强了。科曼等（Korman et al.，1981）讨论了“职业的成功和个人的失败”这种现象。科曼和他的助手们发现，被社会认为是成功的经理人通常对于他们的职业生涯不满意，他们既没有感到成功，也没有为他们的成就感到自豪。这些经理人和专家有他们自己内部的职业成功定义，当用主观职业成功标准来评价自己时，他们常常认为自己是失败的。这说明高报酬和快晋升并不一定必然带来自豪感和成功感，有时反而会带来个人和工作的异化。韦克（Weick，1996）通过研究发现，现代的职业成功评价减少了对于薪酬数量及晋升次数的关注，而更重视员工在其职业发展道路中通过战胜挑战所获得的内在满意感。与此相似，目前越来越多的研究发现，传统的客观职业成功标准在这个经济动荡、职业生涯无边界化的时代已经失去了原有的意义（Arthur et al.，2005）。还有学者得出结论说，成功的定义在个体一生中随着时间而改变，职业成功的外部标准变得越来越不重要（Sturges，1999）。

主观职业成功如何定义？标准又是什么？休斯（Hughes，1958）提出，主观职业成功可由个人对其职业经历的反应来定义。亚瑟等（Arthur et al.，2005）认为，主观职业成功可以被定义为个体自身对他的职业的理解和评价，涉及很多对个人来说是很重要的维度，例如工作和家庭的平衡（Finegold & Mohrman，2002）、有意义的感觉（Weick，1996）、目标（Cochran，1990）和贡献（Hall & Chandler，2005）等。准确地说，主观成功是个体对自己职业发展结果的积极评价和认同，是个人对自己工作经历和工作结果的解释。与客观成功不同，主观成功只能通过个体的内省来识别，而不能通过观察或一致的确认获得。人们有不同的职业渴望，对诸如收入、就业保障、工作地点、地位、通过不同的工作获得进步、学习的机会、工作和家庭的平衡等重视的程度不一样，他们主观的职业成功标准就一定有所不同。在先前的研究文献资料中可以找到的六个指标是（Nigel et al.，2005）：对于取得的成就感到骄傲，内在的工作满意，自尊，对工作角色或制度承诺，恪守相互关系，精神上感到满足。

虽然主观成功已被逐渐引入关于职业成功的研究，但或许是主观标准难以测量的缘故，它在大多数时候被操作化为工作或职业满意度。例如有学者认为对自己的工作有诸多不满意的人不可能觉得自己的职业是成功的，工作满意度是主观职业成功最突出的方面（Judge et al.，1999）。如何测量心理成功？有一些学者开发了职业满意度量表，它们比较简单，一般只有四五个项目，典型的项目有："我对在职业上获得的成功感到满意"；"我对在实现自己的职业生涯总体目标上取得的进步感到满意"；"我对在职场上的收入感到满意"；"我对在职场上的晋升感到满意"；"我对在职场上学到的新技能感到满意。"（Greenhaus et al.，1990）但到目前为止，还没有一个统一的测量工具。

3. 客观标准与主观标准的关系

职业生涯本身的双重属性提示我们，在对职业成功进行研究时，不能割裂客观成功和主观成功二者之间的关系。虽然客观职业成功和主观职业成功各有自己的标准和测量方法，但二者是相辅相成的。目前学者们都认同二者之间的关联性，但对二者之间关系的方向缺乏共识。一类观点认为客观的职业成功影响主观的职业成功，另一类观点认为主观职业成功导致客观职业成功，第三类观点坚持职业成功的主客观两方面是互相依赖的。

亚瑟等（Arthur et al.，2005）在他们研究的68篇有关职业成功的文献中发现，65%的文章（44篇）同时承认了职业成功的主观和客观方面的存在，37%谈到了客观职业生涯对主观职业生涯的影响，因为个体对自己职业成功的定义有一部分是建立在所取得客观成就基础上的。事实上，过去的研究已经发现，职业生涯中客观的成功对主观成功有着积极的影响（Bray & Howard，1980；Bretz et al.，1994)。在这些研究的背后存在这样一个假设，那就是主观成功是客观成果的一个直接函数。比如，一个人的满意度和认同感（均为主观量度）都是与对个人在公司层级中地位或者在收入上排名相关的成果感知的函数；19%的文章得出了相反的结论，这些文章都认为主观感知促成了客观成果的获得，这些研究都是在心理学领域所做的对于人格、态度与职业成功关系的研究，如人格的某些特征、态度的某些方面影响了客观职业成功（Seibert & Kraimer，2001；Boudreau，Boswell，Judge & Bretz，2001；Johnson & Stokes，2002；Orpen，1998)。

霍尔（Hall）和钱德勒（Chandler）坚持职业成功的主客观方面相互依赖，他们提出了一个基于使命感的职业生涯心理成功模型，用于研究主观职业成功与客观职业成功间的关系（Hall et al.，2005)。他们用“心理成功”这个概念来表达主观成功的内涵。当个人独立地设定并努力追求一个有挑战性的、对个人来说十分有意义的目标，进而成功实现那个目标的时候，一种心理上的成功感就产生了，成功将会使个人自尊水平上升、带来更高的自我认同和在职业工作领域更多的投入。只有当一个人将他所从事的工作不仅仅当成一份工作或一种职业，而是将其视为一种使命的时候，他才会产生一种最深刻的满足感或心理成功。图 2—1 是霍尔等学者勾画出的基于使命感的心理成功模型，它展示了使命、自信、目标/成果、主观成功、客观成功和认同感改变之间的联系，这些因素的互动导致了职业成功的循环。

由于当今的职业生涯环境复杂多变，个人将会面临更多的困境和失败，有强烈使命感和自我认同感的个人，因为受到内在职业成功导向的指引，可以有效增强抵抗挫折的能力。由此，霍尔得出结论：主观和客观职业成功之间的因果关联可从两方面同时发生。当人们强调客观成功驱动主观成功的时候，主观成功同时提供反馈，并驱动整个成功循环的进一步运转。所以，由于这个过程的本质是循环的，主观成功对进一步的客观成功来说既是最终结果，也是一个驱动因素。

总之，基于使命感的职业成功模型真实地描述了职业生涯的复

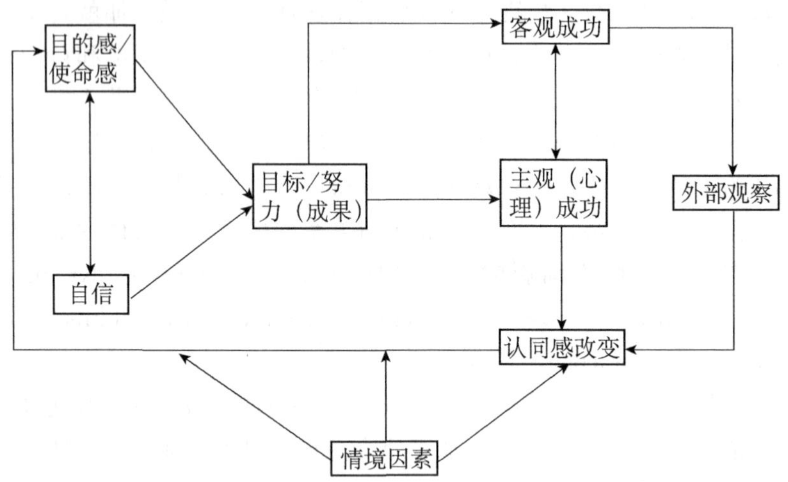

图 2—1　基于使命的职业成功模型（Hall et al.，2005）

杂性，诸如地位和财富等客观成果不是简单、唯一的激励因素，对很多有着强烈使命感的人来说，自我认同、适应力和自信常常驱动他们的行为，当客观成果满足了他们自己内在目的的时候，更深的心理成功感才会产生。为了理解自我的职业生涯旅程，我们必须遵循更为复杂的主观职业世界的规律。这也说明对职业生涯成功的感知是一个更综合的心理性判断，它起源于一个人自己对工作和家庭的信念、兴趣和价值观组成的个体职业生涯导向。因此，考虑对工作和家庭的个体价值观、态度和动机以理解一个人的职业生涯成功导向非常重要。

4. 多变性职业生涯与多元化职业成功标准

多变性职业生涯的概念首先由霍尔（Hall，1976）提出，但是直到 20 世纪 90 年代，人们才充分意识到这一概念的现实性。在今天这种变化的、不稳定的组织环境中，个人无法再像过去那样终身与一个雇主打交道，稳定地沿着组织的职业阶梯向上攀登。越来越多的人遭遇了被解雇的痛苦，职业生涯发展出现中断，工作的流动也打破了组织的界限，一个人常常会在不同的产品领域、技术领域、组织和其他工作环境中出入，因此也有学者采用“无边界的职业生涯”这一概念来表述大致相同的含义（DeFillippi & Arthur，1994）。

所有这一切导致学者们开始尝试建立一种理解职业生涯变化特性的新模型，多变性职业生涯理论引起了热烈的讨论，这种观点强调，职业生涯不再像过去一样只有一个单一的模式，职业生涯管理的责任应该主要由个人来承担，职业发展也并不意味着一系列职位的升迁，职位有可能沿着水平方向发展，它不一定能带来更大的权力和更多的控制，但能够使人们获得专业发展、声望和心理上的成功（耶胡迪·巴鲁，2004）。由此人们的职业目标和职业成功的意义更加宽泛。多元化的职业成功标准的划分与前述的主客观职业成功标准并不矛盾，它只是强调随着时代的变化主观职业成功的标准引起了更多的关注和讨论，而主观的标准常常因人而异，它必然呈现出多元化的特征。

在更早的年代就有学者对职业成功标准的多元化进行探索。只是在那时没有使用多变性职业生涯这一概念，而且对职业成功的探讨也常常包含在职业定位等主题中，因此没有引起研究职业成功的学者们的足够注意，如 20 世纪 60 年代早期，埃德加·H·沙因（Edgar H. Schein）对 44 名麻省理工学院硕士毕业生的职业发展状况展开了研究（Schein，1978）。他在他们毕业一年半后对他们进行了访谈，然后又在第五年和第十年给他们寄去了问卷。结果发现，在毕业后的五年和十年中，这些人显现出职业发展的多样性。通过自身的工作经历、同辈以及上级的反馈，还有自身的天分，这些人中出现了五种职业发展的类型：（1）管理型，这些人热衷于向组织的上层运动；（2）技术专家型，这些人总是乐于关注工艺上的细节，钻研技术或专业上的问题；（3）安全感型，他们愿意稳定地留在一个公司，追求安全感；（4）高自主型，他们会想方设法开拓自己在组织内的空间，并试图创建自己的公司；（5）企业家型，他们以开创自己的风险事业、产品和服务来满足自己开创性的需要，满足自己从劳动力身上收获利益的需要。1982 年他又鉴别出了其他几种基本的职业定位，如服务奉献型、纯粹挑战型、生活型。他把这些不同的职业导向比喻成为职业锚，职业锚的形成与一个人的职业成功定位有密切关联。

德赖弗（Driver，1982）也发表了关于职业自我认知的重要著作。他研究了众多公司的管理者和专家，总结出以下几种职业成功的定义：(1) 有些人把成功定义为一种盘旋，如持续的成长和自我革新的经历（挑战）；(2) 一些人渴望长时间的稳定和相对不变的工作（安全）；(3) 有些人的要求是短暂的，他们认为职业成功就是有许多不同的经历（自由）；(4) 长期取向的人认为职业成功就是晋升到高层或者在专业上达到高水平（晋升）。德赖弗假设这些职业概念来自个人思想、动机和决策模式的习惯，是指导一个人长期职业选择的基础。

德尔（Derr，1986）通过对一个海军团体的研究发现，在人们的心目中有五类不同的职业成功定位：(1) 晋升——成为公司等级或地位体系中的高层；(2) 安全——获得承认、工作保障、尊敬和"知情者"身份；(3) 自由——对工作进程有最大限度的控制权；(4) 挑战——激动的情绪，工作有挑战性、冒险性和"打前锋"的机会；(5) 平衡——在工作、人际关系和自我发展三者之间保持有意义的平衡，如此工作既不会显得太有吸收力也不会显得太无趣。

弗里德曼和格林豪斯（Friedman & Greenhaus，2000）调查了800名商务专业人士，总结出了15项相对重要的职业成功的标志，并将其归结为职业成功的五个维度：地位、自我时间、挑战性、安全感和社会关怀。除了地位，其他四个方面都跳出了声望、权力、金钱的旧观点。

上述学者研究的共同特点是注意了职业成功标准的多样性，但对概念界定并不清晰，有时把职业定位与职业成功两个概念混为一谈，实质上二者是不一样的。一个人的职业定位是多种因素综合起作用的结果，其中包括一个人的职业成功价值观，即他如何看待、评价职业成功。这就是说一个人心目中的职业成功标准在其职业定位中起着重要作用，但职业定位还受一个人的能力、人格特征、动机、环境等因素的影响。职业定位是一个更为宽泛的概念。可能是由于这样的原因，在研究职业成功的学术论文中，他们提到的多重标准很少被引用。

但是，越来越多的学者在谈到多变性职业生涯时都在强调心理成功对个人来说变得越来越重要，他们认为心理上的成就感、自豪感、家庭幸福、内心的平静都是职业成功的标志，这与传统的职业成功标准不一样，在传统的职业生涯中，职业成功的标准只有一个——晋升，成功的道路也就只有一条——沿着组织的金字塔结构向上攀登，爬到组织结构的更高层。心理成功实现的途径则宽阔得多，人有多少种需求就有多少个成功的标准，有多少标准就有多少条成功之路。职业成功完全可以由个人来定义。

卡拉南（Gerard A. Callanan，2003）在《职业成功的代价》一文中提出了自己从组织角度来衡量的职业成功标准。他认为，先前对职业成功的定义和测量方法表明，研究者们仅仅从组织成员个人的角度来看待职业成功。更准确地说，职业成功往往用个体所取得的实际成就或者个体自己所感知到的发展来衡量。但是，他们都没有考虑到对组织所感知到的个人的职业成功进行测量。通常，从组织的角度所看到的个体职业成功与上述职业成功有很大差别。它不能像目前的一些测量职业成功的方法一样去进行推测，不能仅用个体过去的薪水增加和职位晋升作为目前职业成功的指标。从组织的角度来看，个体的职业成功是不稳定的，以个人目前的工作能力为基础，与组织未来的发展和组织的内部控制系统相关。对于许多在大公司工作的人来说，职业成功的衡量标准是个体是否能够继续在组织中被“体面”地雇用。换句话说，并不是过去所取得的职位和薪水决定了职业是否成功，而是个体能否保有这个职位并保持这种发展轨迹，进而获得更高的职位。

伊比等（Eby et al.，2003）明确提出，无边界职业不像传统职业那样终身只在一个组织中工作或按部就班地沿着组织设定的阶梯往上攀登，它的特点是一个人可以在多个组织中变换工作甚至职业。因此可以用一个三重操作定义来衡量职业成功：心理上的成功，指的是个人对于自己所取得的职业成就的感知；知觉到的组织内部市场的可雇佣性，即能够在目前的组织中保持价值，能够被目前的组织接受；知觉到的组织外部市场的可雇佣性，即相信自己在其他组织中也能被雇用。

此外，还有一些研究发现了职业成功标准的差异。例如，斯特奇斯（Sturges，1999）的研究发现，管理者对职业成功的定义随着年龄而变化，年龄越大，管理者越倾向于用内部标准来定义职业成功。这和职业是由一系列阶段组成的发展过程的定义相一致，如休珀（Super，1970）的生命周期—生命空间（life-space）理论认为，随着个体经历不同的生命阶段，个体的职业偏好也会发生改变。因此，在个体生命的不同时间可以用不同的方式来定义成功。其他研究也发现，定义成功的方式存在性别差异，女性更加强调内部职业成功，男性则更强调外部职业成功（Keys，1985；Sturges et al.，1999；Simpson，2000）。

2.1.3 职业成功的预测变量

在研究职业成功的大量文献中，把职业成功标准作为一个单一主题进行研究的并不多，研究职业成功影响因素的文献却很多。研究者们主要考察个体变量、组织变量对客观成功和主观成功的影响，这些变量大致可以分人口统计学变量、人力资本变量、行为动机变量、人格特征和组织变量等（Timothy A. Judge et al.，1995）。

1. 影响客观成功的因素

（1）人口统计学变量。越来越多的研究已经证明，人口统计学变量比起其他影响因素来能解释更多的职业成功方面的变化（Gattiker & Larwood，1988；Gould & Penley，1984）。人口统计学方面的特征可以解释客观成功的两个维度：薪水和晋升，特别是与薪酬水平相关的维度。年龄、性别、婚姻状况、配偶的雇佣状态都可以预测薪酬水平。研究者们发现那些更年长的已婚男性中，妻子没有在外工作的管理人员收入水平比其他管理人员要高。其中最明显和最稳定的一个人口统计学变量是年龄（Cox & Nkomo，1991；Gattiker & Larwood，1988；Jaskolka et al.，1985），它对职业成功有着很好的预测作用，因为外部成就会随着时间的流逝而增长。以上研究是以美国人为研究对象得出的结论。这种结论具有普遍意义。一项以 16 家荷兰公司中的 1 597 名员工为样本的研究也报告称，与其他国家一样，在荷兰，薪水随着年龄的增长而增加。年龄较大的人通常在组织中地位也更高，因为他们比年轻员工拥有更多的经验。

这使得年龄较大的员工并不愿意轻易转换职业，因为他们在职业转换中的损失更大；同时也使得职业转换对他们来说更容易，因为他们的经验更广泛地被需要，获得的报酬也更高（Marinka A. C. T. Kuijpers，Bright Schyns & Jaap Scheerens，2007）。

1）婚姻状况：已婚的人会比未婚者达到更高水平的客观成功。正如普费弗和罗斯（Pfeffer & Ross，1982）所指出的那样，在组织看来，结婚是一个人积极秉性的表现，可以说明这个人的稳定性、责任心和成熟度。对于管理者来说，配偶是一种可以利用的资源，因为他们能够承担家务，提供感情上的支持，并在与工作相关的事情上提供建议。另一方面，如果管理者的配偶在家庭之外有自己的一份工作，则可能会造成更多工作和家庭的冲突。所以，婚姻状况应该可以预测客观成功，如果配偶（通常指女性）在家庭之外没有工作，这对管理者的职业成功是有积极作用的，如果配偶有自己的工作，就会对管理者的客观成功造成消极影响。此外，在对家人照料和其他家庭责任上花费的时间越多，就意味着工作的时间越少，所以花费在家庭责任上的时间会对职业成功造成不利的影响（Timothy A. Judge et al.，1995）。

2）性别：女性在大多数情境下与少数族裔所受待遇相似。也有一些研究认为，少数族裔、女性在某些情况下会比白人男性得到更好的待遇（Gerhart & Milkovich，1989；Tsui & Gutek，1984）。但是，若女性和少数族裔的职业成果要用他人的评价来定级，而不是特定的人事决定的话，他们的职业成功水平会比白人男性低（Timothy A. Judge et al.，1995）。

（2）人力资本变量。

1）受教育水平：受教育水平对薪水和晋升的作用很明显。所受教育的内容，例如大学期间所学专业与薪水和晋升都有一定的关系，因为组织更愿意为商务、法律、工程方面的人才支付高薪（Swinyard & Bond，1980）。虽然有大量的信息说明受教育的数量与职业成功之间有关系，但是关于受教育的质量对职业成果的影响的研究却很少。描述性研究揭示，成功的执行官毕业于名牌大学的比例并不固定，所以教育质量在执行官们职业成功中的作用还需要进一步研究。一个教育机构会给毕业生带来三种不同类型的人力资本：学术资本（所获得的知识）、社会资本（个人的接触、关系网、成就动机的教诲）、文化资本（社会对那些代表声望的象征的价值认定）。学校可以从研究、资源以及学生本身的质量等方面为未来的执行官提供良好的学术资本，所以一个人获得最高学位的大学的教学质量能对他的客观成功产生积极的影响（Useem & Karabel，1986）。虽然一所学校的声誉好很可能其教学质量也高，但也有一些学校的声誉远远超过其教学质量，另一些学校的质量也不是其声誉能反映出来的，但是声誉好的学校能为自己的学生提供更多的社会、文化资本，并且它们的毕业生可以从裙带关系中获得比其他人更大的利益，所以控制所受教育的质量，争取毕业于一所声誉好的大学有助于获得客观的职业成功（Judge et al.，1995）。

2）工作任期和职业从业总年限：这两个因素与职业成就有积极的关系（Judge & Bretz，1994）。除了经历的数量，经历的类型也会对职业成功产生影响。对于执行官来说，最好能有国际工作经验，因为组织给予那些有过国际工作经历的执行官的报酬会较多，他们的晋升速度也会较快。另外，他们过去的成就也是一个很好的预测客观职业成功的指标。

3）其他公司理事会的任命：从资源依赖的角度来看，在外部理事会任职的执行官对于建立公司内部的和谐工作氛围有很重要的作用，他能够应对环境的不确定性。能应对不确定性、控制外部信息，就表明管理者有足够的授权，对某些稀缺资源，如报酬、晋升等有支配力（Pfeffer et al.，1982），所以在外部理事会任职能预测客观职业成功。

（3）行为动机变量。贾奇等（Judge et al.，1995）引用了大量他人的研究成果，并通过对公司首席执行官的研究，证明行为动机变量能影响客观职业成功。

1）周工作时间：相当多的研究支持了周工作时间和薪酬、晋升之间的关系（Cox & Cooper，1989；Gutteridge，1973；Judge & Bretz，1994；Whitely et al.，1991）。

2）每周晚上加班的次数：虽然这个变量与周工作时间有关系，

但在办公室工作到很晚是一个很强烈的动机信号，因为这意味着家庭生活的牺牲，也意味着在同事和上级面前留下了良好的印象(Judge & Bretz，1994)。这两点都是良好动机的表现，所以周工作时间和晚上加班次数能有效预测客观职业成功。

3）长时间工作的欲望：此外，长时间工作的欲望也是一个影响因素。考克斯和库珀（Cox & Cooper，1989）在研究成功者长时间工作背后的动机时，认为这些人很享受长时间工作。所以愿意工作更长时间的人成功的可能性较大。工作中心主义者，或者将工作的价值看得很重的人会得到更大的成就，因为他们会更愿意为工作、为职业而付出。把职业看做使命的人，更容易获得成功（Hall，2005）。

4）野心：霍华德和布雷（Howard & Bray，1988）在他们对美国电话电报公司（AT&T）的管理者所做的调查中发现：野心、抱负是晋升的最好预测因素。还有很多研究也证明了它们之间的关系(Cannings & Montmarquette，1991；Cox & Cooper，1989)。

（4）组织、行业以及地区变量。普费弗（Pfeffer，1991）认为，组织结构变量，包括行业和组织特点，在个体的产出如绩效表现、流动率以及薪水方面有很强的影响作用。

1）组织规模：大型组织比小型组织给员工的付酬高。但不是所有的研究都证明了这个关系，比如怀特利等（Whitely et al.，1991）的研究。大公司有更多的职位空缺，所以其员工晋升机会相对较多(Whitely et al.，1991)。但是大公司机会多，竞争人数也多，所以真正可得到的晋升机会并不知道是不是一样多（Pfeffer，1983；Stewman & Konda，1983)。无论是积极的还是消极的结论，都有研究作为证明。

2）组织成功：大多数研究认为，公司的业绩对管理者的收入有正面的影响，管理者的薪酬与其组织的复杂性和开放性有关（Pfeffer，1991)，而公共组织的这两个性质都很明显，所以可以猜测，公共部门的管理者比私营企业的管理者收入更高、更为成功。更广泛劳动力市场上的劳动者的成功还反映了地域、行业对报酬、职业模式的影响（Gutteridge，1973；Judge & Bretz，1994)。

2. 影响主观职业成功的因素

(1) 客观成功。加蒂克等(Gattiker et al., 1988)认为，客观的职业成功可以积极地预测主观职业成功。主观职业成功的标准有两个：目前对工作的满意程度，目前对职业的满意程度。客观职业成功对主观成功有很大的影响，因为报酬和晋升能导致较好的工作态度和高满意度(Larwood, 1988; Locke, 1976)。但这种关系不能被确定为因果关系。

(2) 人格特征。内部控制点的人格特征与个人对环境的适应性、工作绩效、客观职业成功以及主观职业成功正相关；自我监控的人格特征与人对环境的适应性、工作绩效、客观职业成功和主观职业成功正相关；自尊与人对环境的适应性、工作绩效、客观职业成功和主观职业成功正相关；乐观主义与人对环境的适应性、工作绩效、客观职业成功和主观职业成功正相关；马基雅维利主义与人对环境的适应性、工作绩效、客观职业成功和主观职业成功正相关；个人对环境的适应与工作绩效、客观职业成功和主观职业成功正相关；工作绩效与客观职业成功和主观职业成功正相关(Seibert, Crant & Kraimer, 1999; Nigel et al., 2005)。

(3) 人际网络。博齐奥内洛斯(Bozionelos, 2003)的研究发现，社交网络广泛的员工对于自身职业成功的感知强于社交网络单一的个体。塞伯特等(Seibert et al., 2001)认为，网络资源比指导资源对外部职业发展的作用更大。网络资源指的是个体所有的人际关系和网络，不包括指导关系在内。网络资源包括个体与其他组织成员之间各种各样的关系，它包括个体的发展性网络，由那些为个体职业和心理发展提供支持的关系构成，包括个体所意识到的或没有意识到的有助于个体进步的关系。指导资源指的是个体与组织中某个更有权力和经验的成员之间独有的密切关系；网络资源比指导资源对内部职业发展的作用更大；工具性网络资源比情感性网络资源对外部职业成功的作用更大；情感性网络资源比工具性网络资源对内部职业成功的作用更大。此外，领导与成员的关系也是预测职业成功的重要因素(Breland, Treadway, Duke & Adams, 2007)。

（4）年龄、经验及职业投入。

1）年龄和经验：就同一水平的客观成功标准来说，如一定数量的薪水和晋升的次数，年纪大、经历丰富的人就不会觉得特别满意，而年轻人就会觉得已经很好了。研究证明，当控制住外界因素时，年龄、工作任期与职业满意度呈负相关（Cox & Harquail，1991）。

2）目标定得高的人对于自己目前的境况也不会满意（Judge & Locke，1993），所以野心抱负对主观的职业成功有消极影响。格林伯格和麦卡蒂（Greenberg & McCarty，1990）指出，女性对于薪水和晋升的预期较低，所以她们对于低水平的客观结果相对较为满意。

3）职业投入：面对同样的结果，学历较高的人不如学历较低的人满意度高，名牌学校毕业的人没有普通学校毕业的人满意度高，工作勤奋的人没有普通人满意度高。还有就是过去成就十分显赫的人满意度自然也不会高（Cox & Harquail，1991）。

3. 无边界职业生涯中成功的预测因素

无边界职业成功可以从三个方面来预测：知道为什么、知道是谁、知道怎么样（Eby et al.，2003）。

（1）知道为什么包含三个变量：职业洞察力、前摄性的人格特征（能够识别机会并采取行动，主动性及在遇到挫折时能够坚持向前）、经验开放性的人格特征（富有想象力，好奇心强，心胸开阔，活跃，喜欢寻求新的经验，敢于接受新的观点）。知道为什么的三个变量都与职业成功的三个标准正相关。

（2）知道是谁指的是与职业相关的网络和关系，包括三个变量：指导关系、组织内部网络关系、组织外部网络关系。组织内部网络关系和组织外部网络关系与职业成功的三个标准正相关。指导关系与感知到的外部可销售性正相关。

（3）知道怎么样指的是与职业相关的技能和与工作相关的知识，包括两个变量：职业/工作相关的技能、职业同一性（个人增加工作技能和专心于职业行为的倾向）。知道怎么样的两个变量都与职业成功的三个标准正相关。

2.2　关于职业价值观的研究

职业价值观的研究文献多如牛毛，我们把这些研究文献大致归结为三个主要方面：职业价值观的定义和结构、职业价值观的差异以及职业价值观对态度和行为的影响。

2.2.1　职业价值观的定义和结构

关于职业价值观的定义，学者们有各种不同的表述。休珀（Super，1970）将职业价值观定义为与工作有关的目标表达，表达个人内在需求及从事活动时所追求的工作特质。伊莱泽（Elizur，1984）认为，职业价值观是个体对某种工作结果的重要程度的主识。诺德等（Nord et al.，1988）提出，职业价值观就是一个人所期望，并觉得应该能借由工作实现的结果状态。施瓦茨（Schwartz，1992）则强调，职业价值观是指人们希望通过工作来达到的目标或取得的报酬，它们是更一般的个体价值观在职业生活中的表现。因此在很多时候，工作价值观和职业价值观这两个概念表达的内涵是基本一致的。国内的研究者也纷纷提出了自己对职业价值观的定义，如黄希庭（1994）认为，职业价值观是人们对社会职业的需求所表现出来的评价，它是人生价值观在职业问题上的反映。宁维卫（1991）认为，职业价值观是指人们衡量社会上的各种职业优点、意义和重要性的内心尺度，它属于个性倾向性的范畴。所有这些定义虽然表述的方式不完全相同，但内涵比较接近，也都比较概括和抽象，由此导致在具体进行研究和测量时出现不同的取向。例如在职业价值观的题目下，有大量的关于职业特征重要性或择业观的研究，休珀（Super，1970）的职业工作价值量表（WVI）、洛夫奎斯特和戴维斯（Lofquist & Dawis，1971）的工作重要性量表（MIQ）、普赖尔（Pryor，1979）的工作层面偏好（WAPS）等都属于这一类研究。国内将关于择业观即在选择工作时优先考虑的因素视为职业价值观

的研究更为多见，如黄希庭（1994）、凌文辁（1999）、金盛华（2005）等，直接将价值观在职业选择上的体现定义为“职业价值观”或把职业价值观定义为“个体评价和选择职业的标准”。总之，在这类研究中，职业价值观表现为在职业选择中对职业生活的偏好和价值判断，愿意从事某种职业活动的倾向和意愿。这一类研究都是围绕如何对职业本身的好坏进行评价和如何进行职业选择这个内容展开的。还有一类以职业价值观命名的研究，其关注的内容是职业行为或工作行为的对与错、善与恶，以及伦理和道德观，带有意识形态和哲学的特征，如韦伯（Weber，1930）的新教工作伦理观。这引起了很多学者对职业和工作伦理问题的研究。多斯（Dose，1997）认为，伦理道德也是价值系统。它涉及好和坏、对和错的价值判断以及行为准则（Donaldson ct al.，1994），所以有学者将二者等同起来（Kahn，1990）。多斯（Dose，1997）在广泛回顾了西方关于工作（职业）价值观的研究后，将关于这方面的研究细致地区分出了四类：与职业行为相关的研究；与工作行为相关的研究；与工作意义和重要性相关的研究；与工作道德和工作伦理相关的研究。针对使用同一个概念但研究的内容却有较大差别的现象，多斯批评道，职业（工作）价值观的研究如同盲人摸象，不同学者各自定义其内涵，大家使用同样的概念却表达不同的意思，其结果是对这个问题的研究停留在支离破碎的状态，致使研究成果分散无法有效积累（转引自洪瑞斌、刘兆铭，2003）。

关于职业价值观结构的研究也存在同样的问题，有两个维度、三个维度、四个维度甚至更多维度的划分方式。罗克奇（Rokeach，1973）、伊莱泽（Elizur，1984）、罗宾斯（Robbins，2003）等人均将职业价值观区分成目的性价值观（或称结果性）与工具性（或称手段性）价值观；瓦努斯和麦卡利斯特（Vanus & McAllister，1991）等则将工作价值观区分为内在价值观与外在价值观。1957 年，休珀在实证研究的基础上提出，职业价值观包括 15 项内容。米勒（Miller，1974）将这 15 项内容划分为三个维度：一是内在职业价值，是指与职业本身性质有关的一些因素，如职业的创造性、独立性等；二是外在职业价值，是指与职业本身性质无关的一些因素，如工作环境、同事关系、领导关系及职业变动性等；三是外在报酬，包括职业的安全性、声誉、经济报酬和职业所带来的生活方式等。施瓦茨（Schwartz，1992）在实证研究的基础上将职业价值观划分为四个维度：内在价值、外在价值、社会价值和威望价值，并于1999年又从三个角度对其职业价值观四个维度划分的合理性加以论证：第一，以伊莱泽（Elizur，1984）职业价值观三维度的研究成果为基础把认知价值分为内在价值和威望价值；第二，从伊莱泽所做的一个8个国家的跨文化研究的数据结果中把认知价值分为不同的两部分：内在价值和威望价值；第三，通过对收集的一个999个被试者样本数据的分析，证实了内在、外在、社会、威望四种职业价值。

吴铁雄等（1996）将职业价值观分成目的价值和工具价值两类，前者细分为自我成长取向、自我实现取向、尊严取向三因素，后者细分为社会互动取向、组织安全与经济取向、安定与免于焦虑取向、健康休闲与交通取向。凌文辁等人（1999）用实证研究方法得出了职业价值观的三因素结构：发展因素、保健因素、声望地位因素。此外，还有多种不同的结构分类，大多是在心理学领域通过实证研究的因素分析得出的，如黄希庭（1994）的研究、倪陈明等（1993）的研究等。表2—1给出了部分学者职业价值观维度的研究结论。

表2—1　　不同学者关于职业价值观维度的研究结果

学者	职业价值观的维度
休珀(Super，1970)	智性激发、利他主义、美感、成就感、管理、创造性、经济报酬、变化性、独立性、声誉、同事关系、安全感、生活方式、从属关系、工作环境等15个维度
祖托夫斯基（Zytowski，1970）	内在价值、外在价值及伴随价值等3个维度
罗克奇（Rokeach，1973）	目的性价值观与工具性价值观等2个维度
米勒（Miller，1974）	内隐性工作价值观及外显性工作价值观等2个维度
凯勒伯格（Kalleberg，1997）	内在动机、方便性、与同事关系、生涯及资源妥适性等5个维度
王丛桂（1992）	工作目的价值与工作手段价值等2个维度

续前表

学者	职业价值观的维度
黄同圳（1993）	工作期望与工作信念等 2 个维度
吴铁雄（1996）	自我成长取向、自我实现取向、尊严取向、社会互动取向、组织安全与经济取向、安定与免于焦虑取向、健康休闲与交通取向等 7 个维度
郑增财（2000）	生理的价值、心理的价值、人际的价值、情感的价值、职业的价值、道德的价值及人生的价值等 7 个维度

资料来源：黄英忠等：《实习工作价值观的构建及其与工作投入的关系》，载《观光研究学报》，1992，10（1）。略有改动。

虽然职业价值观研究得到了很多种因素模型，但有学者批评这些因素模型难以具有相互印证的结论，稳定性和可重复性较低（陈红雷、周帆，2003）。尽管如此，从表 2—1 中我们还是可以看出，不论将职业价值观分为几个维度，由于内在外在二维的划分方法具有高度的概括性，因此其他划分方法都可以基本上归入这两类。内在价值是个体倾向于追求在工作中能使个人自我成长、发挥个人才能与创造力、提升生活质量、获得成就感、赢得他人尊重与肯定以及达成人生目标的价值。外在价值为个体偏好工作所得、升迁机会、工作安定性与声望等方面的价值，因此，职业价值观的二分法还是最有代表性的结论，职业价值观内在维度和外在维度的含义如表 2—2 所示。

表 2—2　　　　职业价值观内在维度和外在维度的含义

学者	内在职业价值	外在职业价值
米勒（Miller，1974）	为一种内在实质成长的价值，如成就性、利他性、创造性、益智性、审美性及管理性	一种外在获益的价值，如独立性、安全性、威望、经济报酬、环境、从属关系、友谊性、生活方式及变化性
马伦（Mullen，1976）	来自那些可以增进个人心理方面的成长因素，如成就感、赏识、工作本质、责任、晋升和个体成长的可能性等	个人期望从工作中得到的物质利益

续前表

学者	内在职业价值	外在职业价值
林赛和诺克斯 (Lindsay & Knox, 1984)	拥有做决定的自由、工作兴趣及成就感	好的工作收入、工作获利及工作安全
亨德森 (Henderson, 1985)	是目的，而非手段或方法	是方法、手段，借以获得其他价值或欲想的结果

资料来源：胡蓝沁：《大学生兼职与其工作价值观关系性之探讨》，载《台东大学教育学报》，1995，17（1）。有改动。

2.2.2 职业价值观的差异

探讨了职业价值观的内涵和结构，学者们要回答的问题就是：人们在职业价值观上有无差异，职业价值观差异的影响因素都有哪些。一致的见解是，人们在职业价值观上会表现出比较明显的差异。职业价值观差异的影响因素有很多，研究中常见的变量是人口统计学特征变量，包括年龄、性别、受教育水平、职业、职务等。由于这些变量不同，导致人们的职业价值观有差别。

在年龄方面，多项研究表明职业价值观受年龄因素的影响。例如，黄同圳（1993）、李元墩与钟志明（2001）以及吴铁雄等（1996）的研究发现，就总体而言年轻人比年长者更重视自我成长与实现等内在价值，同时也重视经济收入等外在价值；年长者更重视外在工作价值（如名声、收入待遇）；而在社会互动、安定免于焦虑、休闲健康与交通等维度，则随年龄增加呈现U形趋势，年龄最高组与最低组都较重视。但也有研究得出了不同的结论。比如，一项来自韩国的研究发现，随着年龄的增长，人们将更多的价值赋予工作的内部方面，而不是外部方面（转引自Kim Namhee，2002）。这种相互矛盾的结论并不少见，例如阿尔达格等（Aldag et al.，1975）的研究证明年龄与职业价值观显著相关，而泰勒和汤普森（Taylor & Thompson，1976）的研究结果则与之相反（转引自Kim Namhee，2002）。虽然不同研究的结论并不相同，但在不同年龄层次上人们的职业价值观有差异这一点却是一致的。

在性别方面，国内外的相关研究表明，男性较重视外在报酬，女性则较重视内在报酬（Kalleberg，1997；吴铁雄，1996；黄国隆，1995）。研究还表明，在职业价值观的其他维度上，男性与女性也存在显著差异。如米勒在 1974 年采用休珀开发的职业价值观问卷分析男女在职业价值观上的差异时得出，女性在成就、利他主义及环境三方面的分数明显高于男性；台湾学者钟志明（2000）的研究显示，女性比男性在自我成长与交通取向两项工作价值观上有更高的倾向。

在婚姻状况方面，海尔等（Hair et al.，1998）的研究显示，已婚与未婚的男性在工作价值观上有显著差异，但是已婚与未婚的女性在工作价值观上无差异。

在受教育水平方面，凯勒伯格（Kalleberg，1997）的研究指出，受教育水平会影响内隐性或外显性的工作价值观，即受教育水平不同会造成工作价值观的差异。安德森（Anderson，1996）的研究表明，工作价值观是与教育相结合的社会化的过程。也有证据表明，受教育水平的提高促进了内在工作价值观的形成（Zytowski，1970）。

在职位与工作价值观方面，研究发现，不同职位会造成员工工作价值观的差异。职位较低的员工更可能寻求工作的外在价值和被外在的需要激励，而白领员工则可能寻求工作的内在价值和被内在的报酬激励（Hair，1998）。

以上相关研究说明，个人的背景不同会对职业价值观造成不同的影响。而关于这些人口学变量到底如何影响职业价值观，不同性别、年龄、受教育水平、组织类型在职业价值观上有什么特征，很难有完全一致的结论。

2.2.3　职业价值观对态度和行为的影响

如前所述，职业价值观是人们心目中一系列优先的标准，这些优先的标准会被用于选择目标、态度和行为。因此，理论上讲，职业价值观影响态度和行为是必然的。同时，这一结论也得到研究的普遍支持。在学术研究中，有关职业价值观的结果性变量主要包括组织承诺、工作卷入（或称工作投入）度、工作满意度等。研究表明，职业价值观与这些变量之间有着显著的相关关系。

(1) 职业价值观与组织承诺的关系。伊莱泽（Elizur，1984）的研究结果表明，工作价值观中认知性和工具性的价值观与组织承诺均存在正相关关系。格伦达·巴特勒和史蒂芬·J·沃丹洛维奇（Glenda Butler & Stephen J. Vodanovich，1996）的研究表明：内在工作价值观与规范承诺有显著的相关，而外在工作价值观与工具承诺有显著的相关。我国台湾学者曹国雄（1994）、黄同圳（1993）的研究也得出了相同的结论。

(2) 职业价值观与工作卷入的关系。我国台湾学者简茂雄（1992）证明了职业价值观对工作卷入的影响，他发现职业价值观（关于工作意义的认识）与工作卷入显著正相关，这种相关关系在男性、31～40岁、公司年资在2.5～15年之间、受教育水平在大学以上的人群中相关程度更高。黄英忠和黄培文（1992）以实习大学生为研究对象，探讨其实习工作价值观与工作投入的关系，研究结果发现，大学生的实习工作价值观对其工作投入的程度有显著的预测力。

(3) 职业价值观与工作满意度的关系。布拉德（Blood，1969）以美国空军448位飞行员为研究对象，研究了工作价值观与工作满足之间的相关性。研究结果发现，工作价值观的多个维度和工作满意度呈正相关。梅格利诺等（Meglino et al.，1989）的研究指出，个体的工作价值观会影响其工作意愿或目标，并进而影响其努力程度与工作表现。

由以上研究可以发现，尽管不同研究者的角度不同，结论也存在一定程度的差异，但不可否认，职业价值观或其某些维度分别与人们的工作态度和组织行为之间存在一定的相关性。

2.3 总结与评论：从文献回顾看本研究的必要性

2.3.1 先前研究的特点、不足与进一步研究的空间

1. 关于职业成功领域的研究

职业成功是一个视角广泛、内容丰富的研究领域。现有的研究

积累已经到了需要反思与整合的阶段。通过对大量文献的整理与分析，我们可以看出以往研究的特点和不足。

在职业成功研究领域，定量研究方法占据统治地位。它所采用的研究步骤一般为：明确问题；依据有关理论和模式，形成假设；选择适当的实证研究方法；通过观察—测验—试验，进行论证，最后得出结论。这种方法保证了研究程序的科学和严谨，以及研究结论的可靠有效。特别是在职业成功的预测变量方面的研究，越来越开阔和深入，在人口统计学特征、人力资本变量、人格变量、社会资本变量、组织行业变量等对个人职业成功的影响方面所得出的结论得到了广泛的承认，这不仅对职业成功研究领域知识的积累作出了贡献，也对追求职业成功的个体提供了有益的理论指导。

但是，纵观整体研究状况可以看到，职业成功研究领域的不足如下：

（1）对职业成功这一概念只关注其操作定义，对概念的内涵和本质的研究不够深入，因此，客观成功、主观成功、职业成功感等概念相互混淆，难以厘清，不利于知识的积累。在现有的研究文献中，当出现职业成功这个概念时，它的含义本身是多重的。有人指衡量职业成功的标准，有人指对职业成功的感受，有人指某种职业发展的状态，但是很少有研究单独分析职业成功这个概念本身。这一问题在近年来也引起了学者们的注意（Heslin，2005；M. B. Arthur & Svetlana，2005）。赫斯林（Heslin，2005）呼吁要关注职业成功概念本身，重新界定职业成功的概念，以突出主观职业成功的重要性。他在研究中提出，主观职业成功是一个多维变量，它有两个主要构成要素：第一，与自我比较产生的主观职业成功；第二，与他人比较产生的主观职业成功。与自我比较产生的主观职业成功是指个体将现实中所实现的目标与其内在的一些标准进行比较后产生的成就感；与他人比较产生的主观职业成功是指将自身取得的成就与他人的成就进行比较后产生的成就感。他建议采用不同的测量方法和体系分别测量与自我比较产生的主观职业成功以及与他人比较产生的主观职业成功。但是，他在这里谈的还不是职业成功概念本身，不是职业成功的主观标准，而是经过比较产生的职业成功感。

职业成功感和职业成功的标准不是一个概念。前者是对职业成功的感知，是对自己职业发展符合职业成功标准的主观体验。基于社会比较的理论，人们会采用与自己的职业目标相关的标准来对职业成功进行概念化和评价，达成了自己为自己设定的某一个目标，就会感受到自己的成功；人们还会采用与他人比较的方式评价和感受职业成功，比如收入与行业平均水平相比是怎样的，与组织内部或外部工作角色相近的人相比又是怎样的，如果自己在各方面优于别人，则会认为自己是成功的。人们职业成功的感受会随着比较基础的不同而发生不同的变化。这就是说，人们感知职业成功的方式通常通过比较来实现，社会比较理论可以成为职业成功感研究的理论基础。而职业成功的标准则是要回答什么是职业成功，怎样才算是职业成功。这两个概念在研究中是应该加以区分的。

（2）大多数经典研究关注的是客观的职业成功。这个现象背后的假设是薪水、晋升是最具客观性的职业成功标志，也是人人都追求的成功标准。这实际上是把职业成功丰富的内涵简单化了，忽略了个体的丰富性和个体心目中的职业成功标准多元化。虽然也有对主观职业成功的研究，但主观职业成功在大多数时候被操作化为职业满意度。贾奇、辛吉斯、托雷森和巴里克（Judge，Higgins，Thoresen & Barrick，1999）认为，对自己的工作有诸多不满意的人是不可能觉得自己的职业是成功的，工作满意度是主观职业成功最突出的方面。聚焦于此，工作满意感的水平常常被当成代表对职业生涯成功主观感知的替代品（如 Aryee，1994；Bretz & Judge，1994；Gattiker & Larwood，1988；Judge，1995；Korman，1981；Poole，Langan-Fox & Omodei，1993）。的确，职业满意度指标可以被用来了解人们对职业的态度。但它并没有告诉我们在主观上人们心目中职业成功的标准是什么。所以，不能用职业满意度来替代人们心目中的职业成功标准，二者也是两个不同的概念。

（3）先前的研究发现了职业生涯的动态变化属性，从而使得主观职业成功的研究愈显重要。但是，对人们心目中的职业成功标准本身缺少实证的研究。实证研究只是关注心理学变量对职业成功的影响，比较少有专门对主观职业成功标准的研究，对于不同职业的

人是如何对其职业成功进行概念化的关注还很少。

(4) 客观职业成功和主观职业成功的划分不够明确，所列出的标准条目有重叠和交叉现象。从职业成功观的角度看，晋升和加薪是一种客观现象，是否将其纳入职业成功的标准则完全是个人主观的判断，属于主观成功的内容。从这个意义上讲，客观职业成功的标准并不客观，而是经过主观过滤、主观判断之后的评价，所以才会在文献中出现交叉混乱的情况。建议用内在职业成功标准（intrinsic career success）和外在职业成功标准（extrinsic career success）的概念代替主观职业成功标准和客观职业成功标准这两个概念。也有不少研究是采用内在外在划分标准的，如维克托·刘等（Victor Lau et al., 2007）等。

2. 职业价值观研究领域

职业价值观领域的研究更为纷繁复杂，本研究无法全面予以评价，仅从与本研究相关的角度讨论。

如前所述，不断有学者批评职业价值观领域的研究由于大家使用同样的概念表达不同的内涵，使得研究成果分散，结论难以验证（Dose，1997；洪瑞斌、刘兆铭，2003；陈红雷、周帆，2003）。造成这种局面的一个重要原因在于职业价值观这个概念本身的抽象性。一个概念越是抽象化就越难以精确，越是高度概括就越难以具体操作。因为概念越抽象，内涵就越丰富，可以装载的内容就越多。职业价值观概念的内涵本身就非常宽泛，如什么样的职业更有价值、择业时更看重哪些因素、在职业领域怎样的行为才是道德的等，都事关价值判断，都可以说是职业价值观的体现，所以才会出现不同学者有不同定义的局面。定义不同，内容结构也就很难统一。为了使学术成果更便于积累和比较，对于职业价值观的研究适合更加细致的分类。根据逻辑种属关系，学者们认同职业价值观是从价值观衍生而来的观点，并认为职业价值观是一般价值观的组成部分（Kinnane & Gaubinger，1963；Wollack et al.，1971）（转引自洪瑞斌、刘兆铭，2003），同理，职业价值观也不是一个操作层面的概念，如果说价值观是一个大的种概念，可以包含职业价值观、生活价值观、审美价值观等，那么，职业价值观就是抽象层次低于价值观的种概念，它还有自己的属概念，如择业观、职业道德观、职业声望观等，本研究提出的职业成功观在价值观的概念体系中就是从属于职业价值观的属概念，它与择业观等处于并列地位。逻辑是思维的基本规则，也是研究的基本规则。如果将择业观或职业成功观等同于职业价值观，那就等于犯了种属并列的逻辑错误。从这个逻辑角度进行分类研究，使研究概念的内涵尽可能单一，如职业成功观就只研究人们心目中职业成功的标准，择业观就只研究人们选择职业或转换职业时所考虑的因素，应该可以避免一个概念具有多种含义的情况，至少可以减少这种局面的出现。对职业成功观的研究也正是这样一种尝试。

关于职业价值观对个体心理和行为的影响，这方面的研究也只是初步揭示了二者之间的相关关系，我们有必要进一步探讨职业价值观的直接和间接作用。

总之，在职业成功、职业价值观研究领域，这些研究中的不足正是预留给后来学者的研究空间。本研究就是在这个空间中找到位置的。

2.3.2 两个研究领域的交叉：职业成功观构念的提出

职业成功观是本研究提出的一个新构念，它是在职业成功和职业价值观这两个研究领域的一个交叉点，提出这一构念的依据就是先前的研究文献和现实中的观察分析。从文献中可以看出，西方学者在职业生涯研究领域中越来越关注主观职业生涯的意义，相应地，职业成功的主观标准得到越来越多的强调。一些学者建议从主体身上提取信息，关注不同的人是如何定义职业成功的。这促使我们思考：主观职业成功究竟指的是什么，是每个人心目中的职业成功标准吗？这种评价成功的标准是一致的还是因人而异的？这种评价是一种事实判断还是一种价值判断？一个人在职业发展过程中，可能晋升了，可能提薪了，可能被委以重任了，也可能职位没有变化，但技能增长了，这些都是一种事实的描述，职业成功标准关注的不是这些事实的真假，而是对其是否可以叫做成功的判断和评价，与

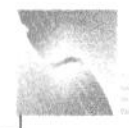

个人的总体价值观密切相关，与职业价值观的关联更为直接，我们将其称为职业成功观。

1. 职业成功内涵的理论辨析

概念是构建理论最重要的基石。在研究职业成功的各种理论中，职业成功这个关键性的概念就成了理论得以建立的底座。如果这个概念的内涵得不到充分的挖掘，必将会影响理论构架的坚实性。在前面的文献回顾中我们已经分别在职业成功的定义和标准两个部分讨论了这个问题。为了进一步说明职业成功观构念的文献基础和现实依据，现再对涉及这个概念的相关问题做一个集中的讨论。

如前所述，从词源学的角度看，英文中的“成功”一词起源于拉丁语 succedere，其含义是“随后”或“继承”。后来表示事物的积极结果。大量现象表明虽然存在一个被社会广泛接受和意识到的职业成功的定义，学者们将其称为客观成功，但实际上每个人都有自己内心对于职业成功的定义。在学术文献中从心理学的角度对客观成功进行研究，目的在于确定一个可以量化、可以比较的标准，以保证研究结果不受主观偏见的污染。但这一目标很难实现，因为我们找不到一个不加入任何主观评判的纯客观标准来衡量人们是否成功。薪酬的水平是客观的，但如果用薪酬作为标准，那么，到底年收入达到多高水平才算成功？晋升是可以测量的，但如果用晋升来衡量，那么，在组织中上升到多高的职位才算成功？显然，这些问题是没有统一答案的。有学者指出，当职业成功的客观标准受到那些个人无法控制的因素的影响时，它的缺陷更明显，比如，在很多报酬和晋升已经制度化的工作（如公务员和军人）系统中，报酬和晋升作为职业成功客观标准的意义就很有限（Thorndike，1963）。况且，一个人不论以客观标准衡量有多么成功，如果他感受不到这种成功，或者他并不认为这是成功，那么，客观标准对于他来说就是没有意义的。这一点在先前的文献中也不断得到证明。有学者指出，尽管客观职业成功很重要，但它是建立在个体对于生活和工作的满意程度的基础上的。例如，一个员工获得了多次晋升，获得了更高职级的职位和更高水平的薪酬，却因为缺乏满意感而认为自己是不成功的（Judge & Bretz，1994）。事实上，一项实证研究（Korman，Wittig-Berman & Lang，1981）也证明：许多已达到客观职业成功标准的经理人员并不满足于其现有的成就。其他证据也一再表明，这一现象同样普遍存在于经理人员之外的职业群体，例如，对于技术人员（VanMaanen & Schein，1977）和律师（Platt & Pollock，1974）的研究同样得出了与科曼类似的结论。

因此，学者们找到的那些所谓成功的客观标准，实际是个人职业发展过程中所得到的客观结果，如何评价这种结果，或者是否将之称为成功，则必将加入主观的判断，总之，职业成功作为一个评价性的概念，不论从哪个角度对成功做出评价，都与评价者的职业价值观紧密连在一起，或者毋宁说它是职业价值观的重要组成部分，主观职业成功标准就是一个人的职业成功观。因此，讨论职业成功的标准问题，实际上是在探讨职业成功价值观的问题，而价值观更多的是一种信念、一种主观的认知和判断，很难有客观统一的标准。从这个意义上讲，客观职业成功标准和主观职业成功标准的划分是有缺陷的，或者说不够准确。正因为如此，本研究采用内部成功标准和外部成功标准来区分职业成功不同的内涵。我们对职业成功标准进行研究的目的不是去寻找一种人人认同的客观标准，而更多地是去关注不同的人们是怎样定义职业成功的，这种定义又怎样影响着他们的行为，由此对职业成功标准的研究就顺理成章地进入到了职业价值观的研究范畴。

2. 职业成功标准的价值观特征

从西方大量的实证研究文献和对现实的观察中可以发现，我们讨论的职业成功标准具有职业价值观的重要特征。

（1）职业成功标准的时代性。人们评价职业成功的标准不是一成不变的，它会随着社会的变迁、经济文化发展而有所不同。从文献回顾中可以看出，在稳定的职业环境中，通常人们衡量职业成功的标准就是职位提升的速度和薪资达到的水平，即客观标准；而在多变性的职业生涯环境中，主观职业成功标准引起了关注和热烈的讨论。这种学术注意点的转移，反映了职业成功标准的变化，这种变化又是由社会经济文化的发展变化带来的。

（2）职业成功标准的多元性。职业成功标准是人们对职业成果意义的认识和评价，它取决于人们自身的需要和愿望。既然人的需求是多种多样的，人对职业成功的评价就必然是多元化的。人们越关注职业成功的主观标准，这种多元性的特点就越明显。

（3）职业成功标准的社会比较性。由于职业成功标准具有主观性，人们无法找到一种确切量化的客观标准来衡量职业成功，人们对自己职业是否成功的感受很大程度上来源于比较，不论是与自我设定的目标比，还是与可比较的他人比，正是在这种社会性的比较过程中，人们对自己和他人的评价不断发生变化。

上述这些特征也是人们在研究职业价值观或一般价值观时所不断提及的，这种情况表明，用职业成功观来概括人们心目中的职业成功标准，将其纳入职业价值观领域进行研究在理论上是恰当的，在操作上也是可行的。

3. 职业、职业生涯概念与职业成功观

在英文中，与职业成功对应的词汇是 career success。职业成功是指职业生涯的成功，一个人职业生涯的成功又与其所从事的职业紧紧联系在一起。由此，职业、职业生涯与职业成功就成为本研究的主题词和基本概念。为了使研究的问题得到尽可能清晰的界定，需要对职业与职业生涯这两个基本概念的内涵进行分析，用以说明职业、职业生涯的特征如何影响到职业成功的标准以及职业成功观的内容。

（1）职业。在英文中，occupation 和 vocation 这两个词都可以译为“职业”，但二者的含义却并不完全相同。occupation 一词比较宏观，在社会制度或社会分工的意义上使用，如职业分类等；而 vocation 则是一个比较微观的概念，在个人心理的层面上使用，如职业兴趣和职业能力等。

在中文里，从词义学的角度分析，职业一词是由“职”和“业”二字组合而成。“职”字包含着责任、工作中所担当的任务等意思；“业”字含有行业、业务、事业等意思。《现代汉语词典》将职业解释为个人在社会中所从事的作为主要生活来源的工作。

对于职业的学术定义，各种不同学派的专家和学者着眼于不同的研究目的，从各自不同的立场出发阐述了对于职业的不同理解，比较有代表性的是社会家和经济学家的观点。

美国社会学家泰勒（Lee Tayler，1972）在其《职业社会学》一书中指出："职业的社会学概念，可以解释为一套成为模式的与特殊工作经验有关的人群关系。这套成为模式的工作关系的结合，促进了职业结构的发展和职业意识形态的显现。"我国学者吴国存（1999）结合泰勒的观点，将社会学的职业含义概括为：1）职业首先是一种社会位置，个人取得这种位置的途径可能是通过社会资源的继承或社会资源的获取，是个人进入社会生产过程之后获得的。2）职业是已经成为模式并与专门工作相关的人群关系，它是从事某种相同工作内容的组织类型。3）职业与权力密切相连。一种是拥有垄断权，每一种职业（群体）在社会分工中都有自身的位置和作用，别人依赖并需要他们，这就使他们在一定程度上拥有了对他人的权力，而且总要维持这种权力以保持自身的垄断地位；另一种是经济收益权，任何一种职业（群体）凭其被他人所需要、所依赖，获得经济收入。4）职业是国家授予的。任何一种职业，必定为社会所承认，职业的存在有法律效力，所以，职业为国家所授予和认可（吴国存，1999）。

从经济学的角度看，学者们认为职业是有劳动能力的人为了生活而连续从事的活动。例如国内有些学者提出，所谓职业，是指人们从事的相对稳定的、有收入的、专门类别的工作。职业是人的社会角色一个极为重要的方面（姚裕群、朱启臻，1991）。另有学者对职业给出了如下的定义：职业是劳动者能足够稳定地从事的有酬工作和从事某项有酬工作而获得的劳动角色（潘锦堂，1991）。经济学上的职业概念更强调职业的经济特性。人们从事某种职业，必然要从中取得经济收入。换言之，劳动者就是为了不断从中取得收入，才较为稳定、长期地从事某项社会职业。没有经济报酬的工作，即使其劳动活动较为固定，也并非职业。经济学家同时也认同职业是一种社会活动，是社会分工体系中劳动者所获得的一种社会劳动角色。

从以上叙述中我们可以看到，虽然社会学家和经济学家对职业概念的分析各有侧重，但他们都涉及职业三个最重要的特征：第一，

经济特征。从个人角度看，人们从事特定的职业，必然从职业劳动中获得经济报酬，以达到满足自身生存和发展的需要。因此可以说，职业是个人获得经济收入的来源，是个人维持家庭生活的手段；从社会角度看，职业的分工是构成社会经济制度运行的主体，职业劳动创造出社会财富，从而为社会的存在和发展奠定物质基础。第二，社会特征。职业本身就是社会发展的产物，每一种职业都体现了社会分工的细化，也象征着个体的社会地位。社会成员在一定的社会职业岗位上为社会整体作贡献，社会整体也以全体成员的劳动成果作为积累而获得持续的发展和进步。第三，技术特征。任何一个职业岗位，都有相应的职责要求，而要达到职业岗位的职责要求，必须具有特定的知识和技能。所有的职业岗位都对任职者有学历证书、职业资格证书、专业技术考核证书、上岗培训合格证、专业工作年限等有具体规定。只有达到职业岗位的起点要求才能上岗。

综上所述，我们可以给职业下一个比较全面的定义，即职业是指人们在社会生活中所从事的以获得物质报酬作为自己主要生活来源并能满足自己精神需求的、在社会分工中具有专门技能的工作。它是人类文明进步、经济发展以及社会劳动分工的结果。同时，职业也是社会与个人或组织与个体的结合点。通过这个结合点的动态相关形成了人类社会共同生活的基本结构。也就是说，个人是职业的主体，但个人的职业活动又必须在一定的组织中进行。组织的目标靠个体通过职业活动来实现，个体则通过职业活动对组织的存在和发展作出贡献。因此，职业活动对员工个人和组织都具有重要意义。从个人的角度讲，职业活动几乎贯穿人的一生。人们在生命的早期阶段接受教育与培训，为的是为职业做准备。从青年时期进入职业世界到老年退离工作岗位，职业生涯长达几十年，即使退休以后仍然与职业活动有着密切的联系。职业不仅是谋生的手段，也是个人存在意义和价值的证明。选择一个合适的职业，度过一个成功的职业生涯，是每一个人的追求和向往。对于组织来说，不同的工作岗位要求具有不同能力、素质的人担任，把合适的人放在合适的位置上，是组织人力资源管理的重要职责。只有使员工选择了适合自己的职业并获得职业上的成功，真正做到人尽其才、才尽其用，组织才能兴旺发达。一个组织能不能赢得员工的献身精神、能不能充分调动员工积极性，一个关键因素在于其能不能为自己的员工创造条件，使他们有机会获得一个有成就感和自我实现感的职业。

(2) 职业生涯。职业生涯的英文是 career，西方学者对这一概念有不同的解释。格林豪斯（Greenhaus，2000）对此进行了归纳总结，他指出，传统的观点有两种：一种是将职业生涯理解为一种职业或者一个组织的有结构的属性。例如，在法律这个职业（occupation）中可以认为，职业生涯是典型的从业者所具有的一系列职位：法学专业的学生、法律专员、律师事务所的初级成员、律师事务所的高级成员、法官直到最终退休。职业生涯也可以被认为是在一个组织中升迁的路径，如销售代表、产品经理、区域市场经理，地区市场经理，市场副总经理。另一种传统的观点是将职业生涯看成一种个人的而不是一个职位或一个组织的特性。然而，即使是持这种观点的人们对职业生涯定义也不尽相同。第一种是“提升的职业生涯观”，主张只有当一个人展现出在地位、金钱等方面有稳定或者快速的提高时才构成其职业生涯。这个定义表明，如果人们没有经历提升或取得其他实质性的成就，不能算是真正具有职业生涯。第二种是“专业的职业生涯观”，它强调职业生涯必须具有专业化的特点，必须获得一个确定的职业或是达到某种社会地位才能构成一个人的职业生涯。例如，医师和律师就被认为是拥有职业生涯的，而文员和机械操作员就没有。第三种是“稳定的职业生涯观”，强调在某一职业领域或紧密相关的领域从事一种稳定的职业才算得上是职业生涯。在这种情境下，我们经常听到“职业士兵”或“职业警官”的说法。类似地，如果人们从事一系列具有内在联系的工作（如教师、指导顾问、家教），通常被认为拥有职业生涯，而从事明显不相关的工作（如作家、政治家、广告编写人等），违反了工作内容的完美一致性，则不被认为拥有职业生涯。

以上各种定义对职业生涯的内涵都作了很严格的限制，它们都强调职业生涯是一个稳定的、长期的、可预测的和组织驱动的纵向移动系列。这些定义过于狭窄，缺乏弹性，只注意到了职业生涯的客观性特点和稳定性，忽略了其主观性和变动性，使许多人的工作经历和对职业生涯的主观感受被排除在职业生涯研究领域之外，从而限制了职业生涯这一概念的概括力和解释力。

与上述观点不同，格林豪斯（Greenhaus，2000）认为，职业生涯是“贯穿个人整个生命周期的、与工作相关的经历的组合”。他强调，职业生涯的定义既包含客观部分，例如工作职位、工作职责、工作活动以及与工作相关的决策；也包括对工作相关事件的主观知觉，例如个人的态度、需要、价值观和期望等。一个人的职业生涯通常包括一系列客观事件的变化以及主观知觉的变化。一个人可以通过改变客观的环境（如转换工作）或者改变对工作的主观评价（如调整期望）来管理自己的职业生涯。因此，与工作相关的个人活动及其对这些活动所做出的主观反应都是职业生涯的组成部分，必须把二者结合起来，才能充分理解一个人的职业生涯。同时，这个定义也包含这样一个意思：随着时间的推移，职业生涯是不断向前发展的，并且无论从事何种职业，具有何种晋升水平，工作模式的稳定性如何，所有人都拥有自己的职业生涯。格林豪斯还强调了个人、组织和环境对个人的工作生命周期的影响和重要性。个人在职业生涯过程中所做出的关于工作和职业方面的选择，在很大程度上取决于个人以及组织内部的力量，当然，其他外部力量（例如，社会、家庭和教育体系）也起了很重要作用。一方面，个人受其技能、知识、能力、态度、价值观、个性和生活环境等的影响而做出特定的工作选择。另一方面，组织为个人提供工作及相关信息，以及个人可以在将来谋求其他工作的机会和条件也影响着个人的职业选择和职业生涯的发展。

格林豪斯的职业生涯定义深刻而又全面，具有很强的灵活性。它不仅把传统职业生涯定义的内涵囊括其中，而且其开放性也与现代职场的变化相适应。如前所述，科技的迅猛发展、全球经济的一体化，给组织带来了巨大的挑战。组织应对变化措施是缩小规模、减少层级、兼并、裁员等，这些都对个人职业生涯产生了极大影响。一些学者提出了“无边界职业生涯”（Arthur，1994）和“易变性职业生涯”的概念（Hall & Mirvis，1995；1996）来表示现代职业生涯与传统职业生涯的不同。无边界职业生涯强调打破组织界限和组织内部职位界限的职业转换和职业流动；易变性职业生涯借助能够随意改变形状的希腊女神普罗秋斯的名字，来强调驾驭自己职业生涯的是自己而不是组织，个人在需要时可以随时重新创立其职业，一个人可以在不同的产品领域、技术领域、组织和其他工作环境中自由出入。这些新概念的内涵都可以通过格林豪斯的职业生涯定义得到解释。

在现实生活中，一个人选择一种职业后也许会终身从事，也许会在一生中转换几种职业，不论怎样，一旦进入职业角色，他的职业生涯就开始了，并且随时间的流逝而延续。职业生涯就是表示这样一个动态过程，它指一个人一生在职业岗位上所拥有的、与工作活动相关的连续经历，并不包含在职业上成功与失败或进步快与慢的含义，也就是说，不论职位高低，不论成功与否，每个工作着的人都有自己的职业生涯。职业生涯不仅表示职业工作时间的长短，而且内含着职业发展、变更的经历和过程，包括从事何种职业工作、职业发展的阶段、由一种职业向另一种职业的转换等具体内容。

职业生涯是一种复杂的现象，由行为和态度两方面组成。要充分了解一个人的职业生涯必须从主观和客观两个方面进行考察。表示一个人职业生涯的主观内在特征是价值观念、态度、需要、动机、气质、能力、性格等，表示一个人职业生涯的客观外在特征是职业活动中的各种工作行为。一个人的职业生涯受各方面的影响，本人对自己职业生涯的设想与计划、家庭中父母的意见以及配偶的理解与支持、组织的需要与人事计划、社会环境的变化等都会对职业生涯有所影响。

正是由于职业、职业生涯这两个概念本身的开放性和内涵的丰富性，与此紧密联系的职业成功的概念也就很难给出一个标准化的定义。职业成功与职业生涯发展的经历、结果有关，但又不是任何客观的经历和结果都可以被视为职业成功，作为一个评价性的概念，职业的三个特征决定了人们会从多方面定义职业成功，而职业生涯的主观性和客观性也导致不同的看待职业成功的角度。

2.3.3　对研究问题的进一步阐述

结合现有的文献，进一步明确本研究要回答的问题。

1. 研究问题 1：职业成功观的结构维度

通过广泛的文献回顾，我们发现，学者一致认同的是客观职业成功和主观职业成功的分类标准（Jaskolka，Beyer & Trice，1985）。我们同时识别出了西方文献中涉及的两类职业成功标准的主要条目：客观职业成功的标准有晋升、薪水、持续被组织雇佣等；而主观职业成功的标准包括能力的提升、能力的发挥、安全、自由、平衡、挑战、自主、职衔、薪水、责任。这些条目说明职业成功是一个多维的概念。

虽然很多学者在其研究中都谈到了职业成功的标准问题，但这一问题几乎从来没有作为一个单独研究主题出现，学者们在研究职业成功的影响因素时对职业成功的操作化定义，都是在概念层面上的讨论而未经过实证研究测量。既然要研究主观的职业成功标准，当主观解释没有获得充分表达时，主观职业成功的标准如何能被完整地界定？因此，我们要研究的第一个问题就是：

职业成功作为一个多维的概念，到底可以划分为几个维度，内部是一个什么样的结构？

2. 研究问题 2：职业成功观的差异

许多文献都提出，不同评价者有不同的职业成功标准。那么，我们要研究的第二个问题是：

职业成功作为一个评价性的概念，性别、年龄、所在组织类别不同的人在职业成功评价标准上有无差异？如果有，主要表现在哪些方面？

为了概括在文献中已经评述过的主要变量，使要研究的问题更为直观，我们将上述两个问题中涉及的这些变量和研究设想整合在一个初步的模型中（见图 2—2）。

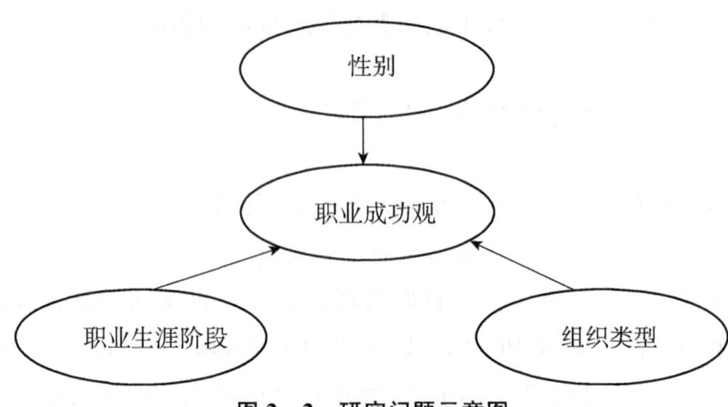

图 2—2　研究问题示意图

3. 研究问题 3：职业成功观的影响效应

大量的研究已证明，职业价值观对个体的职业心理和行为有影响。作为职业价值观组成部分的职业成功观是否也具有这种影响效应？

第3章 职业成功观结构的归纳性研究*

3.1 研究目的

通过文献分析、个别访谈和焦点小组讨论，初步探讨中国文化背景下职业成功观（即人们心目中职业成功标准）的具体内容和结构。

3.2 研究方法

3.2.1 文献分析

由于西方学术界积累了大量的职业成功研究

* 参见周文霞、孙健敏：《中国情境下职业成功观的内容与结构》，载《中国人民大学学报》，2013（3）。本书有改动。

文献，而国内相关研究并不多见，因此，探索职业成功观结构的第一步就是识别在西方情境下出现的职业成功标准的具体条目。这项工作是在文献检索与回顾的基础上完成的。

在西方有关职业成功的学术文献中，虽然以职业成功标准为单一研究主题的文献不多见，但是研究职业成功的文献却数以千计。凡是探讨职业成功影响因素的研究，都不能不对职业成功的标准给出操作化的定义，列出其所采用的职业成功的具体标准。该研究的设想是以发表职业研究方面论文的学术期刊为对象，找出论文题目中包含“职业成功”一词的文章，逐一统计作者用到的职业成功标准。非常幸运的是，亚瑟等（Arthur et al.，2005）为了研究无边界职业生涯中的职业成功以及职业成功客观标准与主观标准的关系，在以实证研究为主、公开出版的社会科学期刊中，统计了1992—2002年间68篇关于职业成功的文章中所使用的职业成功标准，这成为本研究的重要参考依据，而本研究要做的工作就是甄选2002年以后发表的文章，识别有无新增加的标准。我将亚瑟等在文章中所设计的职业成功标准的表格进行了删减和改造，去掉了与研究目的不相符的信息，并增添了新的文献，以集中映在西方研究文献中出现的职业成功标准。表3—1和表3—2就是研究者在文章中所使用的职业成功标准。

表3—1　　1992—2002年在实证研究中运用的职业成功标准

序号	期刊	文献	职业成功的客观标准	职业成功的主观标准
1	《管理学会杂志》	Martins et al.（2002）	财务成果、职业提升、主动性、权力	职业满意、晋升满意
2	《管理学会杂志》	Tharenou（2001）	工资、职位类型、管理控制人数、领导他人的年限	——
3	《管理学会杂志》	Seibert，Kraimer & Liden（2001）	晋升、工资待遇	职业满意度
4	《管理学会杂志》	Judiesch & Lyness（1999）	职位阶层、工资、晋升、工资提升速度、表现水平	——

续前表

序号	期刊	文献	职业成功的客观标准	职业成功的主观标准
5	《管理学会杂志》	Campion et al. (1994)	晋升速度和工资增长	知识和技能增长
6	《管理学会杂志》	Tharenou et al. (1994)	管理所处的阶层、工资	——
7	《管理学会杂志》	Turban & Doubherty (1994)	工资、晋升	感知到的职业成功
8	《管理学会杂志》	Schneer & Reitman (1993)	收入、家庭结构	职业满意度
9	《行政管理科学季刊》	O'Reilly Ⅲ & Chatman (1994)	选择性的成功、工作机会的多少、现金形式的工资报酬、工资增加量、晋升的次数	——
10	《职业开发季刊》	Harris et al. (2001)	任期	工作满意度、社会支持
11	《职业开发季刊》	Burlew & Johnson (1992)	——	职业上的阻碍、同事的支持、个人成长的机会
12	《人际关系》	Konard & Cannings (1997)	所处的阶层、晋升的次数	——
13	《人际关系》	Friedman et al. (1998)	——	员工对职业发展的感受
14	《人际关系》	Tremblay et al. (1995)	在现在工作上停留的时间	感知到的职业高原
15	《人际关系》	Aryee et al. (1994)	财务上的成功、管理阶层上的成功	职业满意度
16	《人际关系》	Nicholson (1993)	外在的职业成功	内在的职业满意度、对未来发展的满意度
17	《应用心理学杂志》	Cable & DeRue (2002)	报酬的增长	职业满意度、工作满意度、职业承诺
18	《应用心理学杂志》	Jansen & Stoop (2001)	平均工资的增长	——
19	《应用心理学杂志》	Van Scotter et al. (2000)	职种、奖励速度、报酬	——

续前表

序号	期刊	文献	职业成功的客观标准	职业成功的主观标准
20	《应用心理学杂志》	Lyness & Thompson (2000)	基本工资水平、股票计划	——
21	《应用心理学杂志》	Ragins & Cotton (1999)	提升速度、报酬水平	——
22	《应用心理学杂志》	Seibert et al. (1999)	晋升、工资	职业满意度
23	《应用心理学杂志》	Judge, Picik & Welboume (1999)	工资、工作水平、高原反应、工作表现	组织承诺感、工作满意度
24	《应用心理学杂志》	Lyness & Thompson (1997)	所处的组织高度、报酬、发展机会	职业发展机会带来的满意度、对报酬的满意度
25	《应用心理学杂志》	Dreher & Cox (1996)	总的年报酬	——
26	《应用心理学杂志》	Chao et al. (1994)	个人报酬	职业卷入度、对工作的满意度
27	《应用心理学杂志》	Stroh et al. (1992)	工资的发展、提升、地区间的流动	——
28	《职业开发杂志》	Murphy & Ensher (2001)	——	感知到的职业成功、工作满意度
29	《职业开发杂志》	Blake-Beard (1999)	报酬、提升速度	报酬满意度、职业发展的满意度
30	《职业开发杂志》	Lee & Nolan (1998)	所处的位置、所掌握的资源	感情、自我感受、感知到的职业成功
31	《管理学杂志》	Kirchmeyer (1998)	报酬、水平	感知到的职业成功
32	《管理学杂志》	Judge & Bretz (1994)	工资、工作水平、晋升的次数	工作满意度、人生满意度
33	《管理学研究杂志》	Aryee et al. (1996)	工资、晋升的次数	职业满意度
34	《职业和组织心理学杂志》	Melamed (1996)	管理阶层、总的年收入、管理水平	——

续前表

序号	期刊	文献	职业成功的客观标准	职业成功的主观标准
35	《职业和组织心理学杂志》	Pool et al.（1993）	高中时达到的水平、大学时达到的水平、目前的职业水平、报酬	好奇心、对学校科目的兴趣、内心的职业兴趣、工作满意度、感知到的自身对职业成功的贡献
36	《组织行为学杂志》	Higgins & Thomas（2001）	组织的保持力、对同事的帮助	工作满意度、想要留在组织中的渴望
37	《组织行为学杂志》	Spell & Blum（2000）	——	感知自己向上的流动性、向管理层的流动性
38	《组织行为学杂志》	Tharenou（1999）	管理水平、工资、总的管理	——
39	《组织行为学杂志》	Wayne et al.（1999）	工资发展	职业满意度、上级对员工晋升的估计
40	《组织行为学杂志》	Schneer & Reitman（1994）	目前的收入、雇佣状况	职业满意度、感知到的领导的赞赏
41	《组织行为学杂志》	Aryee & Debrah（1993）	——	职业满意度、在工作中的自尊、工作承诺感
42	《社会心理学杂志》	Peluchette & Jeanquart（2000）	研究成果	工作角色、人际关系、财务、阶层、生活成功
43	《社会心理学杂志》	Orpen（1998）	工资增长、晋升	——
44	《社会心理学杂志》	Orpen（1995）	晋升、工资增长	——
45	《社会心理学杂志》	Chi-Ching（1992）	流动和年龄之间的关系、工资	对职业发展的满意度
46	《职业行为杂志》	Johnson & Stokes（2002）	职业分类的稳定性	职业承诺

续前表

编号	期刊	文献	职业成功的客观标准	职业成功的主观标准
47	《职业行为杂志》	Wiese et al. (2002)	——	在工作范围内的主观成功、工作满意度
48	《职业行为杂志》	De Fruyt (2002)	——	工作满意度、技能的发展、工作卷入度
49	《职业行为杂志》	Wallace，2001	收入	感知到的压力、晋升机会、程序上的公平、同事和下属的正直感、职业满意度、想要留在这个职位上的愿望、工作时间和非工作时间的冲突
50	《职业行为杂志》	Seibert & Kraimer (2001)	感情和收入	职业满意度
51	《职业行为杂志》	Boudreau，Boswell & Judge (2001)	报酬、支配地位、与首席执行官的接近程度、被雇佣能力	工作满意度、生活满意度、职业满意度
52	《职业行为杂志》	Brown et al. (2000)	客观衡量自我的地位	工作地点的控制
53	《职业行为杂志》	Dreher & Chargois (1998)	全年全部收入	——
54	《职业行为杂志》	Hurley & Sonnenfeld (1998)	管理者的管理水平	——
55	《职业行为杂志》	Schneer & Reitman (1997)	收入、管理水平	职业满意度
56	《职业行为杂志》	Chao (1997)	收入	职业计划和职业卷入、组织社会化
57	《职业行为杂志》	Murrell et al. (1996)	工资、晋升	工作满意度、组织承诺
58	《职业行为杂志》	Aryee & Luk (1996)	家庭环境、雇佣环境	职业满意度
59	《职业行为杂志》	Melamed (1995)	相对工资、管理水平	——

续前表

编号	期刊	文献	职业成功的客观标准	职业成功的主观标准
60	《职业行为杂志》	Schneer & Reitman (1995)	收入、工作时间、管理水平	职业满意度
61	《职业行为杂志》	Gianakos (1995)	——	感知到的工作结果的重要性
62	《职业行为杂志》	Peluchette (1993)	——	工作角色、人际关系、财务、阶层和生活的成功
63	《组织科学》	Taylor et al. (1996)	管理者和首席执行官之间的管理层级数	——
64	《组织研究》	Whitely & Coetsier (1993)	晋升次数、目前的全部报酬水平	职业成功、平均的工作满意度
65	《个体心理学》	Boudreau, Boswell & Bretz (2001)	报酬	工作满意度
66	《个体心理学》	Seibert, Kraimer & Crant (2001)	职业发展（自我报告）	职业满意度
67	《个体心理学》	Judge, Higgins & Thoresen (1999)	年收入（自我报告）、工作水平（自我报告）	工作满意度
68	《个体心理学》	Judge et al. (1995)	报酬、晋升次数	工作满意度、职业满意度

表 3—2　　2003—2007 年在实证研究中运用的职业成功标准

序号	期刊	文献	职业成功的客观标准	职业成功的主观标准
1	《国际职业开发》(*Career Development International*)	June M. L. Poon (2004)	薪酬水平	职业满意度
2	《国际职业开发》	Howard Tu, Monica Forret & Sherry Sullivan (2006)	总体薪酬	职业满意度
3	《国际职业开发》	David Okurame & S. K. Balogun (2005)	——	主观职业成功

续前表

序号	期刊	文献	职业成功的客观标准	职业成功的主观标准
4	《职业开发季刊》	Marinka Kuijpers, Birgit Schyns & Jaap Scheerens (2006)	薪酬水平、职业地位（occupational status）	职业实现（actualization）的成功
5	《国际管理学杂志》(*International Journal of Management*)	Ghulam Nabi (2003)	——	内在工作成功、感知的职业成功
6	《国际组织分析杂志》(*International Journal of Organizational Analysis*)	Nikos Bozionelos (2003)	组织职级	工作成功、人际成功、层级成功
7	《美国商业学会杂志》(*Journal of American Academy of Bussiness*)	Therese Joiner, Timothy Bartram & Terese Garreffa (2004)	——	感知到的职业成功
8	《国际商业研究杂志》(*Journal of International Business Studies*)	Victor Lau, Margaret Shaffer Kevin Au (2007)	社会认可、社会声望、社会地位、真实财务获取、贡献	感知到的职业成就、职业满意度、感知的财务取得
9	《领导与组织研究杂志》(*Journal of Leadership and Organizational Studies*)	J. B. Breland, D. C. Treadway, A. B. Duke & G. L. Adams (2007)	——	主观职业成功

续前表

序号	期刊	文献	职业成功的客观标准	职业成功的主观标准
10	《组织行为学杂志》	Eby，Butts & Lockwood (2003)	内部劳动力市场的可销售性、外部劳动力市场的可销售性	感知到的职业成功
11	《文化与交际杂志》(*Journal of Culture and Communication*)	Stephen Stumpf (2007)	薪水、晋升次数	职业满意度
12	《职业行为杂志》	Nikos Bozionelos (2004)	组织职级	工作满意度、层级成功、人际成功、财务成功、生活满意
13	《个体心理学》	Timothy. A. Judge，John Kammeryer-Muller & Robert D. Bretz，2004	年薪、当前学衔(academic rank)、工作声望、是不是SIOP fellow（成员地位）、被试者服务的工业与组织心理学前五名期刊的编辑委员会的数量、被试者的文章在ISI引用的次数	职业满意度
14	《个体心理学》	Ng，Eby，Sorensen & Feldman (2005)	薪水、晋升次数	职业满意度

在本研究中，没有对职业成功条目出现的频次进行统计，重点关注的是不同的职业成功标准条目，以尽可能全面地收集西方文献中出现的职业成功标准。基于职业及职业生涯本身的二元特征，在西方学术文献中职业成功的标准一直被划分为客观和主观两个大类，亚瑟等（Arthur et al.，2005）也正是按照这两类标准统计的。把这些在不同研究中出现的职业成功标准进行同类项目的合并，可以得

到以下结果：

（1）客观职业成功标准：物质报酬，如年收入，工资水平，工资增加的数量、速度，股权计划；职务地位，如晋升的次数、管理的幅度、层级、学衔、社会声望、声誉、尊重、组织中的职级、社会认可、贡献、内外部市场的可销售性；地位和头衔（等级位置）；物质成功（财富、财产、收入能力）；社会声誉与尊敬、威望、影响力；知识与技能；友谊、社交网络（人际关系）；健康与幸福。

（2）主观职业成功标准：职业满意度、生活满意度、感知到的职业成就、感知到的收入满足程度、感知到的向上流动、留给自己的时间、同事的支持、工作保障、挑战、未来发展、职业承诺、职业卷入度、被重视程度和满意度。

从对西方文献职业成功标准的甄选中可以看出，由于职业成功标准问题不是一个单一研究的主题，因此上述标准都是学者们从自己的研究目的出发，在实证研究中对职业成功给出的操作性定义，以便使职业成功的概念能够被测量。在文献回顾中，我们还收集了一些类似定性研究的文献，如职业成功的导向或职业成功的定位，这里涉及的与职业成功标准相关的一些指标与本研究所关注的主题并不完全一致，如沙因等的职业锚理论、职业成功导向理论等，故没有计算在内。本研究所要探讨的核心问题是人们心目中职业成功的标准是什么。职业成功是一种价值判断而不是事实判断，不论从社会、组织还是个体的角度出发进行评价，其标准都是主观的，很难有纯粹的客观标准，因此，本研究不认同主客观标准的划分。职业和职业生涯具有二元特性，客观的一面是指一个人在职业生涯中走过的历程，比如从事何种职业、换了几次工作、挣了多少钱、是否得到提升等，这是客观事实；主观的一面则是指人们对自己这些经历的感受、体验和评价，职业成功标准就属于主观上对客观职业发展结果的期待和评价，如果与西方的文献关联起来进行考察，它属于主观的职业成功标准。

对于主观职业成功标准的内容，我们的了解是相当有限的。在文献中，职业满意度常常成为主观职业成功的替代指标。但在中国的语言现象中，“满意”和“成功”是内涵有很大不同的概念，在英语中它们所指的也不是一回事。在词典中，“满意”带有更多感受的性质，而“成功”带有评价的意义。我们可以说满意是成功的基础，一个对自己的职业、对自己职业的发展结果不满意的人，很难说自己是成功的，但满意并不等于成功，不论是概念分析、逻辑推理，还是人们在经验世界中的感受，二者都不是一回事，在概念和实证上都有区别。用两个不同的概念相互替代，显然是不严谨的，测出的东西也不是我们想要测量的东西。此外，文献中主客观的归类并不准确，定义也比较含混，例如收入通常出现在客观标准中，也有人用感知到的收入水平作为主观标准。将同事支持、职业承诺、职业卷入度等概念作为主观标准也缺乏依据，因为它只是研究者为了研究目标而给出的定义，正如亚瑟等（Arthur et al.，2005）在对职业成功研究的总体状况进行评价时指出的那样，在考察的60多篇文章中，除了一份有限的调查问卷的口头答案，没有一篇直接从研究主体身上获取信息，或者允许他们详细阐述自己的职业成功标准。虽然任何一篇论文的目的和设计都可能是有价值的，但是关于职业成功的实证研究总体来说似乎明显缺少这种定性数据。当职业角色自身的主观解释没有得到充分表达时，主观职业成功如何能被充分地研究？因此，他建议引入人们在不同职业境遇中的主观标准，进行更多的定性研究。

上述情况使我确信对职业成功观这样一个新的构念，定性研究不仅是必要的，而且是必需的。下一步我将通过访谈来获取在中国情境下人们心目中职业成功的标准。

3.2.2　个体和焦点小组访谈

由于职业成功观是本研究提出的一个新构念，在对职业成功观都包含哪些内容并无充分的先前研究证据的情况下，运用个体深度访谈和焦点小组访谈来收集信息是一种比较理想的方法。

1. 样本的选取：访谈什么人

个体访谈是质的研究中获取资料的一种基本手段，其样本选取方式使用最多的是目的性抽样。目的性抽样是指按照研究目的抽取能够为研究问题提供最大信息的研究对象（陈向明，2000）。因为质的研究强调通过研究对象获得深度和丰富的信息，以求深入细致的解释性理解，所以研究对象的数量一般都比较小，不可能也没有必要像定量研究那样采取概率抽样的方式（陈向明，2000）。除此之外，样本的数量事前也是不完全明确的，它会随着实际研究的开展而逐渐变化（Miles & Huberman，1994）。根据上述原则，并围绕研究的目的，我在确定访谈对象时只是定义了几个人口统计学变量，这些变量包括年龄、性别、受教育水平、婚姻状况、职业、职务等。先后访谈了 30 人，由于个体访谈的样本中只有 3 个政府公共组织工作人员，与企业和高校的样本数量相比明显偏少，因此，我又在中国人民大学公共管理硕士（MPA）班邀请 8 位同学参加了焦点小组访谈。焦点小组访谈的目的，一是检验在个体访谈中获得的信息是否充分，二是考察在焦点小组讨论的互动中能否获得更多的信息。焦点小组访谈的内容由两位研究生助手做记录。表 3—3 概括了访谈对象的基本特征。

表 3—3　访谈样本人口统计学特征和工作单位性质特征（$N=38$）

属性	类别	人数	百分比
性别	男	20	53
	女	18	47
年龄	30 岁及以下	7	18
	31～40 岁	15	40
	41～50 岁	16	42
婚姻状况	未婚	5	13
	已婚	32	84
	离异	1	3
受教育水平	本科	20	53
	硕士及以上	18	47
职位级别	初级	14	37
	中级	16	42
	高级	8	21
工作单位性质	企业	15	39
	国家机关	11	29
	高校及科研院所	12	32

2. 数据收集：怎样访谈

我事先准备了一个包括三个问题的访谈提纲。访谈提纲的设计遵循了科瓦里（Kvale，1996）的建议，即访谈的问题尽量保持简明扼要，访谈问题的类型可包括介绍性问题、重复性问题和探测性问题，提问的问题必须对分析、确认和最后阶段报告的撰写有用。这些问题应该以漏斗形式排列，按从简单和具体到困难和抽象的顺序进行。

访谈中提问的三个问题是：

（1）职业成功对于你来说是否重要？

（2）你心目中职业成功的标准是什么？或者说，你认为怎样才算达到了职业成功？

（3）你能举出一个你认为职业成功的人士吗？说说你为什么认为他是成功的。

第一个问题属于引导性问题，是为了引出第二个关键问题。第三个问题属于验证性问题，试图通过受访者对他人的评价检验其职业成功标准的一致性，或者丰富性。

在每次访谈的开始，我都向受访者简单介绍访谈目的，明确对于隐私的保护。访谈历时 20～40 分钟，其中 18 个人是面对面进行访谈的，12 个人是通过电话进行访谈的，8 个人的焦点小组访谈历时 60 分钟。

通常在访谈中问到第一个问题时，受访者绝大多数都会回答“重要”或者“当然重要”。这样就可以顺利进入第二个问题，否则，直接问第二个问题会显得比较生硬和突兀。也有一个受访者的回答与众不同，他说：那要看你说的是什么样的成功了。这时我接着问：你觉得什么样的成功才是重要的，你认为成功的标准是什么？如此回到研究的主要问题上。

但在回答职业成功的标准问题时，经常出现的情况是被访谈者大谈影响职业成功的因素是什么，而不是去解释他们所理解的职业成功这个概念的内涵和职业成功的标准。例如，有的受访者在被问到职业成功的标准是什么时回答，一个人的成功需要很多因素，光有能力还不行，还要有关系，有好的运气等。这时我通过委婉的提示，或比较灵活地转换话题，以使访谈回到研究者最关心的职业成功标准这个问题上。因此，我在访谈中还参考了陈向明（2000）的建议，灵活开放地使用访谈提纲，访谈的具体形式因人、因具体情境而异，不拘泥于同一程序，也不强行按照访谈提纲的语言和顺序提问，以免出现一问一答，好似老师考学生或答非所问的尴尬局面。我尽量保持谈话氛围轻松愉快，类似朋友聊天，但心中牢记谈话的目的和所要获取的信息，以避免被受访者主导访谈内容，获取不到必要的信息。

有的受访者似乎对问题早就思考过，胸有成竹，能滔滔不绝地谈自己的看法；有的受访者则需要启发、追问。

3. 数据分析：访谈获得了什么

由于担心录音会给受访者带来心理压力，也因为约一半的访谈是通过电话进行的，因此，访谈中没有进行录音，而是尽量详细记录受访者的谈话内容，每一次谈话结束后我都将谈话的内容进行整理。访谈中所提问的主要问题是心目中职业成功的标准是什么，虽然受访者回答问题的方式和内容不一样，但在每个人的访谈记录中都能发现类似定义式的陈述句。例如，“我觉得职业成功就是在职业上有良好的声誉，获得更多人的认同”，“职业成功就意味着通过工作获得财务自由”，“我认为必须满足以下四个条件才算职业成功：高收入，好名声，工作能自主，工作和家庭平衡”。对谈话内容的整理就是提取受访者关于职业成功标准的陈述，每一个陈述句只表达一个意思，如果受访者同时提出多个标准，就将这些标准单独计算。全部访谈结束后，得到了111个职业成功标准的条目。由于其中很多条目的内容重复或表达相似，需要进一步通过删除、合并以达到简化的目的。在删除了相同的条目、合并了相近的条目后，剩下55个条目。在此基础上开始进行数据分析。

数据分析的目的在于从大量的定性数据中提炼主题。这一过程类似定量数据研究中的因素分析（Lee，1999；忻容等，2004）。遵循忻容等（2004）和樊景立等（2004）的做法，数据分析的过程分

三步进行：

（1）第一步：项目的归类。与徐淑英等（2004）的做法一致，我将每个项目单独写在一张小纸条上，请三位人力资源和组织行为学的教授、本专业领域的五名博士生对项目的内容独立分析并进行归类，要求每个项目只能归入一个类别，不能重复归类。每个人单独完成归类后再进行讨论，对于意见不一致的归类各自阐述理由，直到意见统一。在这个过程中还修改了语义含混、表达不清、容易引发理解歧义的项目，力求每一个项目含义单一清晰准确。通过这一步骤归纳出九个类别。

（1）第二步：维度的识别。分析概括每一个类别的主题，将其概念化，给出一个命名，形成职业成功观的维度。这九个维度的命名分别是：

维度一：物质报酬。包括四个项目，如通过工作获得丰厚的物质报酬；住大房、开好车、穿名牌，达到中产阶层的生活水平等。

维度二：权力地位。包括七个项目，如在职位上不断获得晋升，直到组织的高层；工作中获得更多的权力，能够影响控制别人等。

维度三：绩效贡献。包括七个项目，如解决别人解决不了的难题，为组织创造更好的绩效；自己从事的职业为社会和他人作出了贡献等。

维度四：安全稳定。包括四个项目，如工作稳定，不用到处颠簸，不需要担心失业等。

维度五：才能发挥。包括八个项目，如潜能得到充分发挥等。

维度六：获得认同。包括九个项目，如在职业上有良好的声誉，获得更多人的认同；获得同行的高度认可等。

维度七：自由快乐。包括六个项目，如从事的是自己喜欢的职业，每天的工作都很愉快等。

维度八：和谐平衡。包括六个项目，如在工作之余还有充分的时间享受生活；工作中能够兼顾到家庭，工作和家庭平衡等。

维度九：关系网络。包括四个项目，如拥有广泛的社会关系，办事容易；工作中能够游刃有余地处理好上下左右的关系等。

（3）纳入总体理论框架。本研究进行编码的总体理论框架是西方职业成功文献中获得一致认同的职业成功的两大类标准：客观职业成功标准和主观职业成功标准。基于研究的总目标，将这两类标准的命名改为外在职业成功标准和内在职业成功标准。更改命名的依据是，客观成功和主观成功的内涵是明确的，但是它的命名是经不起推敲的。客观成功标准强调其外部可观测性，而主观成功强调其内心可体验感受性。如文献回顾中对主客观职业成功标准划分的批评一样，本研究强调职业成功是一个评价性的概念，是主体站在自我的主观立场上对职业发展历程的一种评价，这种评价必然有其评价的标准。不论是将那些外部可以观测的收入状况、晋升状况作为评价的标准，还是将内部的感受作为评价成功的依据，这种用来评价职业成功的标准都是主观的。从这个意义上，本研究在主观职业成功标准这个大的前提下将职业成功标准分为外部标准和内部标准，用以取代客观标准和主观标准的表述，而外部成功完全对应客观成功，内部成功完全对应主观成功。根据这种划分我们可以发现，物质报酬、权力地位、绩效贡献、安全稳定都是可以从外部观测的，可归入外在标准，相当于西方文献中的客观标准；才能发挥、获得认同、自由快乐更多需要从内部判断，因此归入内在标准，对应主观标准；和谐平衡、关系网络很难简单地归入外部标准或内部标准，它们似乎兼具内在外在的特征，本研究将其命名为混合标准。

将上述九个维度纳入外部标准、内部标准和混合标准的过程，实际上是使职业成功标准进一步抽象化的过程。表3—4是访谈资料归纳性分析的具体结果。

表 3—4　　访谈资料归纳性分析的具体结果

类别	维度	项目
外在标准	物质报酬	通过工作获得丰厚的物质报酬
		通过工作获得财务自由，想买什么就买得起什么
		通过工作能赚很多钱，让家人过上舒适的生活
		住大房、开好车、穿名牌，达到中产阶层的生活水平
	权力地位	在职位上不断获得晋升，直到组织的高层
		独立掌管某一个部门，有决策权
		工作中获得更多的权力，能够控制影响别人
		工作中承担重要的责任，地位举足轻重
		工作中不断增加责任、权力和上升的机会
		在工作中具有不可替代的作用
		工作中有最大限度的自主权
	绩效贡献	自己从事的职业为社会和他人作出了贡献
		带领团队成员获得好的绩效
		从事的工作能够推动社会的进步
		如果对社会没有贡献，赚再多的钱也不算职业成功
		为国家富强、民族振兴、人民幸福作出贡献
		胜任本职工作，出色完成工作任务
		解决别人解决不了的难题，为组织创造更好的绩效
	安全稳定	工作稳定，不用到处颠簸，不需要担心失业
		离开现有的职位后到哪里都能找到工作
		工作稳定，从中获得安全感
		工作舒舒服服，虽然挣钱不多，但没有太大的压力
内在标准	才能发挥	能在工作中发挥自己的特长
		不断从事有挑战性的工作
		潜能得到充分的发挥
		工作中能够实现自己的理想
		在某一个专业领域技能特别突出，成为专家
		能从工作中得到满足感和成就感
		知识技能不断积累，成为所在领域的专家
		能在工作中发挥才干
	获得认同	在职业上有良好的声誉，获得更多人的认同
		得到领导的重视和客户的认可
		同行的高度认可
		不一定要很高的头衔，但能得到大家的认可
		受人尊重和爱戴，对组织对社会有用

续前表

类别	维度	项目
内在标准	获得认同	亲朋好友以我为荣
		用自己的魅力影响别人，得到别人的认同
		不断受到上级的表彰、同事的赞誉、下属的肯定
		在同行中享有很高的声望
	自由快乐	从事的是自己喜欢的职业，每天的工作都很愉快
		能够从工作当中感受到快乐
		职务再高，做的是自己不喜欢的事也不叫职业成功
		一辈子都做自己感兴趣的事
		工作中保持精神的自由
		工作中有激情有热情，感到充实
混合标准	和谐平衡	在工作之余还有时间充分享受生活
		职业成功的定义不能和家庭的和睦美满分开
		工作中能够兼顾到家庭，工作和家庭平衡
		个人生活、家庭、事业都达到一种平衡状态
		工作成绩再大，如果没有健康的身体就不算职业成功
		在繁重的工作压力下依然保持身心健康
	关系网络	工作中能游刃有余地处理好上下左右的关系
		拥有广泛的社会关系网络，办事容易
		在社会各阶层都可以找到合适的人帮忙
		社会上有很好的人际关系网络，能办成自己想办的事

3.2.3 理论饱和度检验

由于本研究是对基于访谈获取的资料进行归纳性分析的，因此获取的资料是否充分会对研究的结论产生直接的影响。为了保证访谈结果的充分与可靠，使用扎根理论创始人格拉泽和斯特劳斯(Glaser & Strauss，1967) 提出的“理论饱和度”的概念作为检验的标准，即当研究者不能再从访谈或其他方面发现新的类别时，就可以停止对资料的收集，进入理论构建阶段。在对访谈资料归纳分析完成之后，又发放了 30 份开放式的问卷，请填答者写出自己心目中职业成功的标准，对收回的问卷依照上述编码的程序和标准再进行一遍归类分析。结果发现，除了同样的意思有不同的表达方式，没有新的关键词和类别出现。据此可以认为，访谈收集到的资料达到了理论饱和度的要求。当然，所谓的理论饱和也是阶段性的，是相对于本次研究而言的。

3.2.4　总结与讨论

通过文献分析、深度访谈以及焦点小组讨论的研究方法，本研究获得 55 个表达职业成功标准的项目，通过归类、提炼主题维度，得到职业成功观的九个维度，它们分别是物质报酬、权力地位、绩效贡献、安全稳定、才能发挥、获得认同、自由快乐、和谐平衡、关系网络。在此基础上，依据西方文献中关于职业成功标准的总体框架，将九个维度进一步抽象化，把物质报酬、权力地位、绩效贡献和安全稳定纳入外部标准，把才能发挥、获得认同和自由快乐纳入内部标准，把和谐平衡和关系网络归为混合标准。

通过访谈发现，人们心目中的职业成功标准是很难量化的，人们在表述这种标准时，更多地是在表达一种态度、一种倾向、一种价值理念和行为取向。比如，人们都将物质收入作为职业成功的标志，但没有人会将这个标准具体到多少年薪才算成功。访谈中人们所用的词汇都是方向性的或者倾向性的，而不是标准化的，如晋升到组织的高层、工作家庭平衡，这些都是很难具体测量的。这也说明，我们无法找到可以量化的职业成功标准，即使是所谓客观或外部标准，也难以具体测量。年薪多少才算成功、职位多高才算事业有成，都无法拿出数量化的标准。但人们在这些问题上都有自己的倾向性。一位受访者谈到："我不认为非得当官才是职业成功，我觉得职业成功应该是在自己的职业生涯中自己能做主，想干什么就能干什么。"另一位受访者则认为："职业成功总是有一些外在标志的，比如住的房子、穿的衣服、开的车子，职业成功意味着你在财务上是自由的，想买什么就能买什么，不用考虑价格，这就是财务上的自由。"归纳性研究的结果提示我们，主观职业成功标准就是一个人的职业成功观，是职业价值观这个更高层次概念的组成部分，因此，将所谓主观职业成功标准纳入职业价值观的角度进行研究是合理的。

既然职业成功标准是人们对职业成果意义的认识和评价，它就必然取决于人们自身的需要和愿望。既然人的需求是多种多样的，人对职业成功的评价也就必然是多元化的。当我们特别关注职业成功的主观标准时，这种多元性的特点就尤其明显。我们的研究归纳出了职业成功观的九个维度三大类别，访谈中我们发现这几种职业成功的标准并非完全独立、相互排斥的。例如，一个强调物质标准的人，并不意味着他否认晋升、认可等其他标准的价值，只不过他更看重财富而已。在每一个人的心目中，职业成功的标准都是一个有层次的结构，与其内在的需求体系相对应。

例如，一位受访者谈到他对职业成功标准的理解时强调，职业成功的标准不是单一的，而是复合的。“我认为所谓的职业成功，首先要有一份高收入的工作，能挣很多钱，在物质上很富足。但是，如果只是挣很多钱，干的这件事自己一点都不喜欢，那也不能算是职业成功。一定要是自己喜欢的工作，还能有较高的经济收入，同时还必须对社会有所贡献，能满足这几个条件，那才叫职业成功。”

人们心目中的职业成功标准不是固定不变的，而是与职业生涯发展的不同阶段相关联，人们的职业成功观也在发生变化。访谈中一位学者谈到自己的经历时说，年轻时一心想的是自己的事业，认为在事业上出人头地才算职业成功。但人到中年想法有了很大的变化，会更多考虑孩子和家庭，会把家庭和事业的平衡看做职业成功。

一个非常重要的现象是很多受访者都把身心健康、家庭和睦、工作和家庭平衡作为职业成功的标准。在访谈初期，每当有受访者谈工作和家庭平衡时，我都会提醒他们我们讨论的是职业成功，不是生活成功或者人生的成功，而他们总会辩解说，这是根本无法分开的，在他们心目中二者是一体的。

总之，我们讨论职业成功的标准问题，实际上是在探讨职业成功价值观的问题，而价值观更多的是一种信念、一种主观的认知和判断，很难有客观统一的标准，所以，我们对职业成功标准研究的目的不是去寻找一种人人认同的客观标准，而是更多地去关注不同的人是怎样定义职业成功的，这种定义又怎样影响着他们的行为。从个人的角度而言，认清自己的内在需要，定义自己的职业成功标准而不是盲目攀比、追逐潮流，才不至于在职业生涯的旅途中迷失方向；对于组织来说，了解员工的职业成功定位，有针对性地采取因人而异的激励方案，是留住员工的有效措施。这应该成为我们反思、探讨职业成功标准的目的所在。

将归纳性研究中得出的结论与西方文献中出现的职业成功标准相比照，我们发现，就这些维度的具体内容而言，没有哪项是全新的、在以往的研究中从未被提及的。就连通常被认为是反映中国文化比较独特方面的人际关系网络联系与和谐平衡，在西方文献中也多次出现（Burlew & Johnson，1992；Peluchette，1993；Nikos Bozionelos，2003）。所不同的只是在上述几项研究中这个标准是研究者个人定义的，本研究是通过访谈获得的；前者关注的不是职业成功的标准到底是什么，而是什么因素影响一个人获得职业成功，在这种研究目标的驱使下对职业成功给出带有操作性目的的定义，而本研究是专题研究职业成功标准问题的，是专门为此目标而收集数据资料的。如果我们把上述研究者也作为被访谈者来看待，前者的观点就在这里得到了验证。它提示我们，在与价值观相关的研究中，特别是对职业成功观的研究，制度、文化、历史带来的差异可能不是某一维度的有和无，更重要的在于在不同维度上人们的重视程度不同，因为归根到底人性的最深处是超越文化的，而人的本性其实就是人的需求。人有多少种需求就有多少个成功的标准，它昭示着人性的丰富和多层面特征。

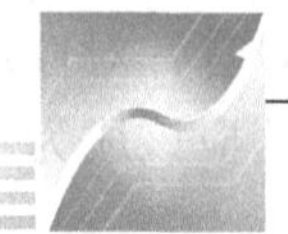

第4章

职业成功观的测量

4.1 研究目的

我们已经通过归纳的方法探索性地识别出了职业成功观这一构念的维度，对职业成功观的内涵有了进一步的了解。但这毕竟只是通过思辨的方式获得的研究结果，职业成功观的内部结构是否成立，如何进行测量，还需要用更严谨规范的方法去探索和验证。本研究的目的就是通过编制职业成功观的问卷，并采用探索性因素分析、验证性因素分析等方法进一步检验归纳性研究得出的结论和自行开发的职业成功观问卷的信度和效度，建立正式测验的有效量表。

4.2　职业成功观问卷的开发

4.2.1　职业成功观问卷的编制

本研究问卷的编制是在归纳性研究的基础上，选取访谈中获得的关于职业成功标准的原始表达，形成问卷的最初项目。如前所述，通过修改其中语义含混、表达不清、容易引发理解歧义的项目，删除重复的项目，合并同类的项目，最后形成 55 个项目。问卷的项目以定义的形式呈现，初始问卷的内容包括指导语、被试者个人基本信息以及 55 个职业成功标准的项目。对于 55 条职业成功的标准，采用利克特 7 级量表评价法计分，1～7 分别表示十分不同意、不同意、比较不同意、一般、比较同意、同意、十分同意，问卷项目随机排列，详见本书附录。

4.2.2　职业成功观问卷的修订

职业成功观问卷的修订是通过预测试进行的。

1. 样本

在某大学硕士研究生学位课程进修班课堂上两次共发放 250 份问卷，回收问卷 227 份，有效问卷 217 份；在某大学和某科研机构随机发放问卷 50 份，回收问卷 27 份，全部有效；在国家机关发放问卷 30 份，回收 26 份，全部有效。共回收问卷 270 份。在这些填答者中，全部是大学以上学历，51%是男性，80%已婚，平均年龄为 33 岁，平均工作年限为 8 年。

2. 探索性因素分析

我们采用探索性因素分析考察本问卷的结构。测量问卷是否适合做因素分析，取决于取样适当性数值（Kaiser-Meyer-Olkin Measure of Sampling Adequacy，KMO）的大小。KMO 越大，说明问卷项目间的共同因素越多，越适合做因素分析（吴明隆，2003）。通常认为KMO大于0.7即可。本组样本KMO为0.879，Bartlett球形检验值的显著性水平为0.000，表明适合做因素分析。利用SPSS 14.0软件进行探索性因素分析。由于本轮探索性因素分析的目的是用最少的因子最大限度地解释原始数据中的方差，因此采用主成分分析法（郭志刚，2004）和正交旋转方法，依照特征值大于1的原则提取因子，共有13个因子出现，累计方差解释率达66.531%。由于维度过多，多重载荷、交叉载荷比较严重，结构不够清晰，我又依据归纳性研究的结果和碎石图的提示，分别限定为三个因子和四个因子、九个因子再次进行探索，发现三因子比四因子和九因子结构清晰，项目分布也比四因子和九因子合理，但有些条目载荷较低（低于0.30），有多个项目出现交叉载荷，项目分布的结构虽然比四因子和九因子合理，但仍然不够均衡，对总体方差的解释率只有39.076%，结果不够理想。这说明职业成功观的问卷项目需要进一步修订，其理论结构模型还需要进一步检验。

3. 问卷修订过程

预研究的结果初步证实了职业成功观的多维结构，并获得了三因子的结构模型。但由于该模型的总体解释率较低，且含义不够清晰，因此需要对问卷进行修订。问卷修订的具体步骤为参照第一次探索性因素分析的结果，对载荷低、多重或交叉载荷的项目逐一审视，谨慎删除。如项目4，7，33等8个项目由于载荷达不到0.30应被删除，也应删除多重载荷和交叉载荷的项目45，41，54，30，24，14，18，26，34，31，32，12，28，21，50，5，38，22，52，33，35，3，共22个。在删除项目的过程中，也没有完全依据载荷的数据，有些项目虽然有交叉载荷现象，但依据理论构想认为值得保留，就没有删除，如项目4，14，53等。这些保留下来的项目，将在下一步大规模的样本数据分析中再进行处理和验证。经过修订的职业成功观问卷保留了25个项目，并遵循专家的建议，将问卷的评价尺度由原来的利克特7级量表改为6级量表，1～6分别表示十分不同意、不同意、比较不同意、比较同意、同意、十分同意，以尽量避免问卷填答者可能出现的趋中倾向。

4.2.3 职业成功观问卷的正式实测

由于预测环节中不仅问卷项目的数目有变动，而且评价尺度也由原来的 7 级改为 6 级，为保证研究的严谨，重新收集数据，对问卷进行项目分析、信度分析并再次进行探索性因素分析。

1. 样本

采用在职研究生课堂发放、电子邮件两种方式在企业、高校及科研院所、国家机关三个不同的组织类型中发放问卷，共收到 1 601 份问卷，对收回的问卷进行处理，查找奇异值和缺失值，发现问卷答题数据中出现了 22，32 两个数值，这是明显的错误数据，因为回答问题的尺度是六级量表，最大值只能是 6，因此将这两个数据作为缺失值处理。问卷中的数据缺失值全部使用同一变量邻近数据均值的方法替代，剔除空白过多以及答题反应倾向过于明显（如全部回答 1 或 6 等）的问卷 82 份，最后得到有效问卷 1 519 份。由于其中企业问卷 922 份，远远高于其他两个组织类型，因此先在企业问卷中随机抽取 550 份做正式的探索性因素分析，其余 969 份包括企业、高校及科研院所、国家机关的样本留作验证性因素分析。之所以抽取 550 份企业样本做探索性因素分析，一是为了使剩余的 969 份问卷中企业样本数量与高校及科研院所和国家机关样本数量保持均衡，以便于在随后的研究中更有效地对不同的组织类型进行比较分析；二是依据因素分析对样本数量的要求，在因素分析中被试者的数目应根据观测变量的多少来确定，一般要求样本容量至少为 100～200，能达到 500 则为非常好（孙晓军等，2005）。

由于本研究关注的是一般职业成功观的结构，并不局限于企业员工的观点，因此我担心仅用企业样本做探索性因素分析可能会导致样本缺乏代表性。经过与四名心理学领域的学者讨论，一致认为此方案完全可行，其理由是第一次探索性因素分析的样本包含上述三个组织类型，用作验证性因素分析的其余样本也是混合样本，如果在企业样本中探索出的因子结构能在不同组织类型中得到验证，将会说明其结构模型更加可靠。表 4—1 是随机抽取的 550 份企业问卷的统计描述。

表 4—1　　样本人口统计学特征和工作单位性质特征（N=550）

属性	类别	人数	百分比	有效样本数及比例
性别	男	361	65.6	545（99.1%）
	女	184	33.5	
年龄	30 岁及以下	147	26.7	550（100%）
	31～40 岁	216	39.3	
	41 岁及以上	187	34.0	
婚姻状况	未婚	128	23.3	534（97.1%）
	已婚	396	72.0	
	离异	10	1.8	
受教育水平	高中及中专	32	5.8	548（99.6%）
	大专	113	20.5	
	本科	318	57.8	
	硕士及以上	85	15.5	
职位级别	初级	129	23.5	536（97.5%）
	中级	267	48.5	
	高级	140	25.5	
月收入	3 000 元及以下	137	24.9	545（99.1%）
	3 001～5 000 元	186	33.8	
	5 001～8 000 元	109	19.8	
	8 001～10 000 元	55	10	
	10 001～20 000 元	35	6.4	
	20 001 元及以上	23	4.2	
工作单位性质	国有企业	330	60	550（100%）
	民营企业	82	14.9	
	外资企业	138	25.1	

说明：由于缺失值的存在，除了年龄和工作单位性质，其他项目的人数都少于样本总数。

2. 方法与过程

（1）项目分析。项目分析是指根据被试者的反应，对组成问卷的各项目进行分析，包括定性分析和定量分析，目的在于帮助筛选和修订项目。定性分析主要涉及项目编写的恰当性、有效性以及表达是否清楚，而定量分析主要指对项目的区分度和通俗性的分析，定性分析在归纳性研究中已经完成，这里主要是定量分析。

首先对问卷的题目进行项目区分度分析。按照 27%分位数将每个项目的被试者得分区分为高分组与低分组，然后计算出各个题目的临界比率，将 0.05 的显著性水平作为保留项目的临界值，依次考察各个项目的区分度，目的在于检验项目的鉴别能力，即能否区分不同被试者的水平。结果显示全部项目均达到显著性差异水平，说明问卷能很好地区分不同被试者的反应程度。

其次对问卷进行通俗性分析。按照通俗性的计算公式，即用全体被试者在每一个项目上的平均得分除以本项目的最高可能得分，就是每一个项目的通俗性水平。一般来说，项目的通俗性水平平均 0.5 最好。本问卷的平均通俗性为 0.43，接近 0.5，属于较好。

（2）探索性因素分析。本组样本 KMO=0.849，Bartlett 球形检验值的显著性水平为 0.000，表明适合做因素分析。利用 SPSS 14.0 软件对数据再次进行探索性因素分析，采用主成分分析法提取公共因子，根据第一次因素分析的结果指定三因子。遵从法布里加等（Fabrigar et al.，1999）的建议，通过斜交的转轴方法进行因子旋转，目的在于重新分配各个因子所解释的方差的比例，使因子的结构更简单、更易于解释。目前，因子旋转的方式有正交和斜交两种。大部分统计软件都提供多种旋转方法，但现在还没有一个令人信服理由能够说明某种旋转方法优于其他方法。因此，选择旋转方法主要是根据研究问题的需要（郭志刚，2004）。虽然在实际研究中，大多数学者进行探索性因素分析时使用的是正交旋转，但正交旋转的基本假设是因子之间相互独立，各不相关，这与社会科学研究领域研究的现象并不相符；而斜交旋转允许两因子之间相关，与现实更为接近，得到的结果也更令人信服（孙晓军等，2005）。所以，理论上斜交旋转优于正交旋转，如果研究的目标是要得到几个理论上有意义的因子，应该用斜交旋转（郭志刚，2004）。这就是本研究选择斜交旋转的依据。

在本轮探索性因素分析中，通过斜交旋转，删除载荷低于 0.4 的三个项目，删除交叉载荷达不到 0.3 的一个项目，最后的正式问卷由 21 个项目组成。探索性因素分析的具体结果如表 4—2 所示。

表 4—2　职业成功观问卷第二次探索性因素分析结果（N=550，Items=21）

项目的核心内容	F1	F2	F3
潜能得到充分发挥	0.701		
不断从事有挑战性的工作	0.698		
同行的高度认可	0.641		
解决别人解决不了的难题，为组织创造更好的绩效	0.634		
工作中有热情有激情，感到充实	0.604		
在某一个专业领域技能特别突出，成为专家	0.590		
工作中能够实现自己的理想	0.475		
从事的是自己喜欢的职业，每天的工作都很愉快	0.466		
通过工作获得丰厚的物质报酬		0.687	
通过工作能赚很多钱，让家人过上舒适的生活		0.686	
住大房、开好车、穿名牌，达到中产阶层的生活水平		0.685	
工作中获得更多的权力，能够控制影响别人		0.657	
通过工作获得财务自由，想买什么就买得起什么		0.625	
在职位上不断获得晋升，直到组织的高层		0.622	
独立掌管某一个部门，有决策权		0.612	
工作中能够兼顾到家庭，工作和家庭平衡			0.733
家庭和睦美满			0.683
个人生活、家庭、事业都达到一种平衡状态			0.652
工作成绩再大，如果没有健康的身体就不算职业成功			0.617
在工作之余还有时间充分享受生活			0.576
在繁重的工作压力下依然保持身心健康			0.468
解释的变异量（共计 45.24%）	24.96%	11.92%	8.36%

说明：表中均未标出低于 0.4 的载荷。

从表 4—2 中可以看出，职业成功观三因子结构清晰，总方差解释率为 45.238%，属于可以接受的范围。各因子内涵比较明确，聚集在第一个因子上的 8 个项目内容比较丰富，含义并不单一，但仔细分析可以发现这 8 个项目所反映的都是精神层面的东西，是依靠个人的感受来确定的职业成功标准，如才能的发挥、理想的实现、自己喜欢的职业、工作中的热情、激情等，这些方面具有他人从外部观察很难发现的特征，因此将第一个因子命名为内在满足。聚集在第二个因子上的 7 个项目，都与职业发展中所获得的可以看见的报酬相关，与物质性的东西相关，如高工资、达到中产阶层的生活水平、有决策权、晋升到组织高层等，这些东西他人从外部就可以观察和评价，因此将其命名为外在报酬。第三个因子上共有 6 个项目，与职业发展中的身心健康、工作和家庭的平衡等有关，将其命名为和谐平衡。各个项目在相应因子上的载荷较高，全部在 0.468～0.733 之间，结果比较理想。

（3）信度分析。信度是对测量问卷的一致性或稳定性的衡量，指对同一对象进行重复测量时所获得结果的一致性程度。衡量问卷信度的主要方法是对问卷的内在一致性进行检验。评价内在一致性常用的信度指标是 Cronbach alpha 系数，Cronbach alpha 系数越大，说明测量项目之间的相关程度越高。纽纳利（Nunnally，1994）提出，当测量项目的 Cronbach alpha 系数达到 0.50 时就可以接受，大于 0.70 时表示该测量项目信度良好。迪韦里斯（DeVellis，1991）则认为，Cronbach alpha 系数应达到 0.65～0.70，如果大于 0.70，则说明各测量项目间的内部一致性很高。可见，Cronbach alpha 系数达到 0.70 是信度良好的标志已在学界达成共识。

采用上述学者提出的标准，根据探索性因素分析得出的结果，对聚集在职业成功观三因子上的项目进行信度检验，表 4—3 是检验的结果。

表 4—3　职业成功观问卷三个维度的信度系数（N=550，Items=21）

维度	项目数	Cronbach alpha 系数
内在满足	8	0.792
外在报酬	7	0.795
和谐平衡	6	0.757
总问卷	21	0.844

从表4—3可以看出，职业成功观问卷三个维度的内部一致性系数均在0.70以上，说明该问卷信度较高，可靠性较好。

3. 结果

再次探索性因素分析的结果显示，职业成功观三因子结构清晰，理论意义明确，第一个因子包括8个项目，第二个因子包括7个项目，第三个因子包括6个项目。三因子分别命名为内在满足、外在报酬、和谐平衡，总方差解释率为45.24%。项目分析结果表明问卷的全部项目均达到显著性差异水平，能很好地区分不同被试者的反应程度；通俗性水平为0.43，属于较好；而信度检验的结果则表明21个项目组成的问卷总体内部一致性系数为0.844，第一个维度的内部一致性系数为0.792，第二个为0.795，第三个为0.757，全部在0.7以上，说明该问卷的信度良好。由此形成职业成功观的正式测量问卷。

4.3 职业成功观问卷的验证

4.3.1 目 的

运用文献分析、深度访谈等技术，本研究提出了职业成功观三大因素九个维度的理论构想，通过对270个样本和550个样本两次探索性因素分析获得了三因子的基本结构模型。学者们建议，在模型建立与检验的过程中，应该将探索性因素分析与验证性因素分析两种方法结合起来，在一个样本中先用探索性因素分析找出变量间可能存在的关系结构，再在另一个样本中采用验证性因素分析来验证这种关系结构。这一过程为交叉证实（cross-validation），用以保证量表所测特征的确定性、稳定性和可靠性。本研究的目的就在于利用第二次施测获得的数据进行验证性因素分析，以检验在探索性因素分析中提取的职业成功观的三因子结构的效度，并对职业成功观的构念效度和信度进行进一步检验，以确保职业成功观问卷的质量。

4.3.2　结构效度检验

使用验证性因素分析对职业成功观的结构效度进行检验。

1. 验证性因素分析评价指标的选取

验证性因素分析也称为结构方程模型（structural equation modeling，SEM）、协方差结构模型（covariance structure model），是基于变量的协方差矩阵来分析变量之间关系的一种统计方法。具体地说，就是使用极大似然等方法，构造模型估计协方差与样本协方差的拟合函数，然后通过迭代，得到使拟合函数值最优的参数估计。验证性因素分析至少有三项基本功能：判断测量模型的优劣；确立因果模型的质量与好坏；比较多样本模型的相似性（龙立荣，2002）。在本研究中进行验证性因素分析，主要是使用其判断测量模型优劣的功能。

判断测量模型的优劣或者说验证一个理论模型是否与实际数据相符合，要通过一系列指标来考察（邱浩政，2004）。这些指标大致有：

（1）卡方检验：主要是χ^2/df 值，这是直接检验样本协方差矩阵和估计协方差矩阵间的相似程度的统计量。卡方（χ^2）是反映整体拟合优度的一个重要指数，当 P 值未达显著性水平时，卡方检验接受虚无假设即理论矩阵与观察矩阵没有差异，从而代表模型拟合良好。然而，海尔等（Hair et al.，1998）研究发现，χ^2值受样本量的影响较大，如果样本量很大，几乎所有建议的虚无假设都会被拒绝；反之，样本量很小时，任何建议的虚无假设都能与数据相吻合。因此，通常不单独将χ^2值作为判断模型优劣的指标。根据因素分析要求的简约原理，在相同χ^2值下自由度（df）大的模型更好，所以，常用χ^2/df 来衡量模型的拟合程度。如果χ^2/df 小于 3，表示模型拟合度好；χ^2/df 小于 5，表示模型整体可以接受；如果χ^2/df 大于 10，则表示整体模型很差（Bryne，1989；龙立荣，2002）。

（2）拟合度指标：这类指标较多，如绝对拟合指数（goodness of fit index，GFI）、调整后的拟合指数（adjusted GFI，AGFI）、规范拟合指数（normed fit index，NFI）、不规范拟合指数（non-normed fit index，NNFI）等。一般而言，这些指标的变化范围在0～1之间，越接近1越好，在0.90以上表示模型拟合很好，在0.80以上被认为拟合较好，可以接受。由于GFI和AGFI受样本大小的影响较大，因此不能用来对模型拟合度进行正常的统计检验，不常被使用。NNFI是对NFI的一种修正，它处理了模型自由度对拟合指数的影响，使之不受样本大小影响，是比较常用的判断模型优劣的指标。

（3）替代性指标：在这类指标中常用的是比较拟合指数（comparative fit index，CFI），它即使在小样本估计模型拟合时也能处理得很好，这一指标的变化区间也在0～1之间，大于0.90被认为是模型拟合好的标准。近似误差均方根（root mean square error of approximation，RMSEA）反映的是理论模型与完全拟合的饱和模型的差距程度，由于其不受样本大小与模型复杂性程度的影响，因此成为近年来应用广泛的一个重要指标。一般认为RMSEA数值越小代表模型越理想，低于0.06可以视为一个好的模型；大于0.10表示模型不理想；而0.08可作为接受模型拟合的门槛（Hu & Bentler，1999）。

（4）残差分析：标准化残差均方根指数（standardized root mean square residual，SRMR）反映理论假设模型的整体残差指标。SRMR的值介于0～1之间，当数值小于0.08时，表示模型拟合度好（Hu，Bentler，1999）。

以上列出了多种模型拟合指标，但没有一个指标可以作为完全确定的标准来检验模型的优劣，所谓理想的拟合指数实际上并不存在（龙立荣，2002）。因此，专家建议，最好慎重地报告多项测量结果，而不要只依赖一种选择（Bollen，1989）。遵循专家的建议，本研究选取χ^2/df，NFI，NNFI，CFI和RMSEA等多项指数作为对模型拟合度优劣进行评价的依据，并对模型的理论适合性做进一步考察。

2. 样本

用来进行验证性因素分析的样本来自第二次施测获得的数据。

在收回的 1 519 份有效问卷中，第二次探索性因素分析使用的是随机抽取的 550 份企业样本，其余 969 份包括企业、高校及科研院所、国家机关的样本用来做验证性因素分析，表 4—4 是关于这 969 份问卷的统计描述。

表 4—4　　样本人口统计学特征和工作单位性质特征（N=969）

属性	类别	人数	百分比	有效样本数及比例
性别	男	593	61.2	969（100%）
	女	376	38.8	
年龄	30 岁及以下	317	32.7	936（96.6%）
	31～40 岁	313	32.3	
	41 岁及以上	306	31.6	
婚姻状况	未婚	214	22.1	957（98.8%）
	已婚	718	74.1	
	离异	20	2.1	
	丧偶	5	0.5	
受教育水平	高中及中专	75	7.7	965（99.6%）
	大专	154	15.9	
	本科	499	51.5	
	硕士及以上	237	24.5	
职位级别	初级	269	27.8	933（96.3%）
	中级	462	47.7	
	高级	202	20.8	
月收入	3 000 元及以下	364	37.6	960（99.1%）
	3 001～5 000 元	320	33.0	
	5 001～8 000 元	143	14.8	
	8 001～10 000 元	39	4.0	
	10 001～20 000 元	52	5.4	
	20 001 元及以上	42	4.3	
工作单位性质	企业	372	38.4	969（100%）
	国家机关	320	33.0	
	高校及科研院所	277	28.6	

注：由于缺失值的存在，有些项目的人数少于样本总数。

3. 验证性因素分析的结果

本研究的验证性因素分析是用 LISERL 8.50 统计软件完成的。表 4—5 是验证性因素分析的结果。

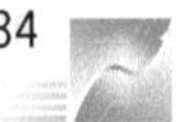

表 4—5　　验证性因素分析的结果（N=969）

拟合指数	χ^2	df	χ^2/df	RMSEA	NFI	TLI	CFI	IFI	RFI	PNFI
三因子模型	935.34	186	5.02	0.066	0.93	0.94	0.94	0.94	0.92	0.82

验证性因素分析的结果显示，χ^2/df 略微超过 5.0，仅从这一项指标看，模型可以接受，不算最优。但观察其他指标如 NFI，NNFI，CFI 等的拟合度均超过 0.9，达到理想标准，表明模型拟合好。因此，本研究没有对模型进行修正，而是接受了这个模型，因为模型的拟合并不完全是一个统计问题，即使一个模型拟合了数据，也不意味着这个模型正确或最好（龙立荣，2002）。所有的估计参数能否得到合理的解释，也应该是非常重要的评价标准，从某种程度上说，模型好坏需要从理论、数据几个方面同时加以考虑（郭志刚，2004）。综合考察职业成功观的三因子结构，其理论意义明确，基本符合研究构想，验证性因素分析的各项指标也都符合高标准的要求，至此可以得出结论职业成功观的三因子结构模型是一种比较理想的拟合模型，具有较好的结构效度。

此外，还可以将每个观测变量在潜变量上的负荷作为评价测量模型好坏的指标，一般来说，如果观测变量在潜变量上的负荷较高，则表明模型质量好，外显变量与潜变量关系可靠。表 4—6 显示的是职业成功观问卷各观测变量在潜变量上的负荷，全部在 0.53～0.81 之间（完全标准化解），这是模型质量好的另一个证明。

表 4—6　　观测变量在潜变量上的负荷

项目/维度	1. 内在满足	2. 外在报酬	3. 和谐平衡
项目 1—1	0.70		
项目 1—2	0.53		
项目 1—3	0.64		
项目 1—4	0.67		
项目 1—5	0.53		
项目 1—6	0.59		
项目 1—7	0.57		
项目 1—8	0.59		
项目 2—1		0.66	

续前表

项目/维度	1. 内在满足	2. 外在报酬	3. 和谐平衡
项目 2—2		0.67	
项目 2—3		0.81	
项目 2—4		0.52	
项目 2—5		0.77	
项目 2—6		0.70	
项目 2—7		0.64	
项目 3—1			0.70
项目 3—2			0.53
项目 3—3			0.59
项目 3—4			0.57
项目 3—5			0.68
项目 3—7			0.65

职业成功观结构模型如图 4—1 所示。

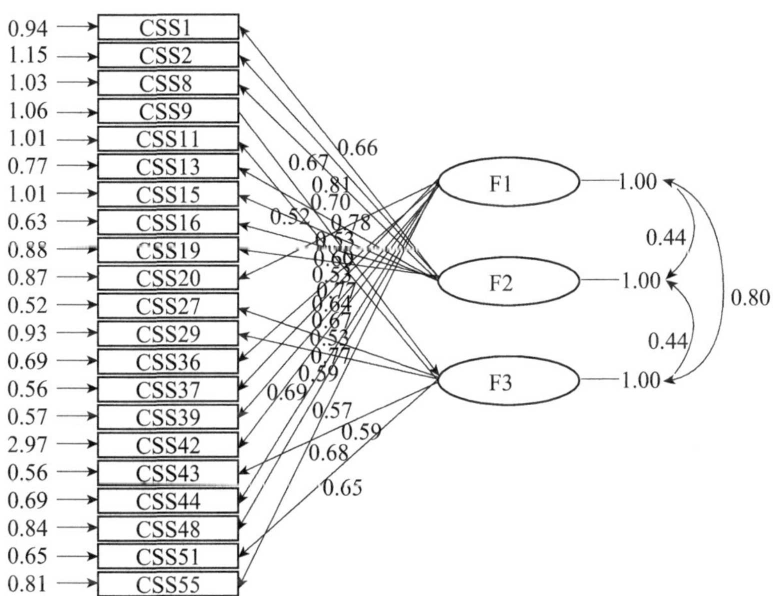

图 4—1　职业成功观结构模型验证性因素分析结果图

说明：Chi-Square=963.88，df=186，P-value=0.000 00，RMSEA=0.066。

4.3.3 构念效度检验

构念效度（construct validity）指的是测量工具能够测量到理论上的构念或特质的程度，换言之，就是指测量的分数能够依据某种心理学的理论构念加以解释的程度。因此，凡是根据心理学的构念对测验分数的意义所做的解释，都可以称为构念效度。职业成功观作为职业价值观的组成部分，本身就应该具备职业价值观的特征。许多经典的研究证明，职业价值观对人的心理和行为都会产生影响（Super，1970；Rockeach，1973；Miller，1974；Elizur，1984），很多实证研究也证明了职业价值观与组织承诺（曹国雄，1994；黄同圳，1993；李元墩、钟志明，2001）、工作卷入（简茂雄，1992）、工作满意度（曹国雄，1994 等）的相关关系。作为职业价值观组成部分的职业成功观也应表现出这种特性。为了考察职业成功观是否具备这种构念效度，我们利用正式施测的数据，通过分析职业成功观与三个态度变量的相关关系进行检验。这三个态度变量分别是工作卷入度、职业承诺、职业满意度。这些变量在第二次问卷调查时被加入到整个问卷中一起请被试者进行填答，目的是获得上述问卷的信度和效度，为正式的研究做准备。之所以选取这三个变量，是因为先前的研究已经证明了职业价值观和它们之间的相关关系。我们预计职业价成功观也与它们显著相关。

1. 相关问卷的来源与信度和效度问题

工作卷入度、职业承诺和职业满意度三个问卷都来自国外学者的研究，国内学者也在中国情境下做过检验。为了使本研究更加严谨，在使用这些问卷时再次做了修订。这三个问卷都有反向计分的题目，在利用 550 个样本做预研究时发现反向计分的题目容易被填答者忽略，具体表现为很多人在反向计分的题目上与正向计分的题目得分一致，说明填答者并没有区分两者之间的不同。为了减少这方面的误差，本研究对问卷做了简单修改，直接删除了反向计分的题目，并利用另一组样本做了因素分析，具体情况如下：

（1）工作卷入度：采用卡南高（Kanungo，1982）编制的 10 个

题目的问卷，第 1 题和第 6 题反向计分。这一问卷内部一致性信度和再测信度分别为 0.87 和 0.85，是人们在研究中最广泛使用的量表之一。问卷内容如下：

1）对我来说，我现在的工作只是我存在的很小一部分（反向，删除）。

2）我全身心地投入到我的工作中。

3）我与我的工作同呼吸、共命运。

4）对我的工作，我倾注了大多数的热情与兴趣。

5）我感到与现在的工作紧密相连，不可分割。

6）我经常觉得与现在的工作很疏远（反向，删除）。

7）我的工作主导着我的多数人生追求与目标。

8）我认为我的工作是我存在的核心。

9）我乐于将绝大多数时间花在与工作相关的事情上。

10）对我来说所有重要的事情都发生在我的工作领域。

在本研究中，删除反向计分的第 1 题和第 6 题。用 969 个样本进行探索性因素分析，结果显示修订后的问卷是单因子结构，与卡南高最初的假设相一致，累计方差解释率达到 59.7%，该问卷的内部一致性系数为 0.90。

（2）职业承诺：根据布劳（Blau，1985）的解释，职业承诺表示一个人喜欢现在的职业，对职业活动比较投入，不愿意变换现在职业的态度（转引自龙立荣，2002）。布劳在 1985 年开发的职业承诺问卷共有 8 道题，其中 5 题正向计分，3 题反向计分。具体题目如下：

1）我愿意从事给相同报酬的不同工作（反向，删除）。

2）我喜欢现在的职业。

3）如果让我选择，我不会从事现在的工作（反向，删除）。

4）只要拥有必需的钱，我还会从事现在的工作。

5）现在的工作很理想，我不愿意放弃。

6）现在的职业是一个理想的、值得终身追求的职业。

7）对现在的职业不满意（反向，删除）。

8）我花时间阅读与现在的职业相关的资料。

龙立荣（2002）曾采用布劳的问卷并对问卷进行了改进，在其研究中对该问卷进行了探索性因素分析，结果表明职业承诺是个单因素结构，只抽取了一个因素，第 7 题、第 8 题由于共同度比较低而被删除，形成了一个由 6 道题组成的问卷，内部一致性系数为 0.83。本研究在布劳原始问卷的基础上删除了第 1 题、第 3 题、第 7 题三道反向计分的题目。对剩下的 5 个题目用 969 个样本进行探索性因素分析，结果显示职业承诺是单因子结构，与龙立荣的结果一致，修订后的问卷累计方差解释率达到 55.8%，该问卷的内部一致性系数为 0.78。

（3）职业满意度：采用格林豪斯等（Greenhaus et al.，1990）编制的 5 个题目的问卷，分别反映对职业晋升、职业待遇、职业发展、职业进步等方面的满意度。在此基础上，根据本研究对职业成功观研究的结果，又增加了 3 个题目，形成了 8 个题目的问卷，具体条目如下：

1）我对我的职业所取得的成功感到满意。

2）我对为满足总体职业目标所取得的进步感到满意。

3）我对自己满足收入目标索取的进步感到满意。

4）我对自己为满足晋升目标所取得的进步感到满意。

5）我对自己为满足获得新技能目标所取得的进步感到满意。

6）我对自己家庭生活的平衡状态感到满意。

7）我对自己工作中潜能发挥的状态感到满意。

8）我在工作中充满成就感和自豪感。

利用正式施测的 969 个样本对问卷进行探索性因素分析，用主成分法抽取特征值大于 1 的因子，结果表明职业满意度问卷是一个单因子的结构，累计方差解释率达到 58.94%，该问卷的内部一致性系数为 0.89。

2. 相关分析结果

利用正式施测的 969 个样本对职业成功观与工作卷入度、职业承诺和职业满意度三个变量进行相关分析，样本情况与表 4—4 相同。具体结果如表 4—7 所示。

表 4—7　职业成功观与工作卷入度、职业承诺和职业满意度的关系

	内在满足	外在报酬	和谐平衡	工作卷入度	职业承诺	职业满意度
内在满足	——	——	——	——	——	——
外在报酬	0.35**	——			——	——
和谐平衡	0.60**	0.34**	——	——	——	——
工作卷入度	0.24**	0.10**	0.04	——	——	——
职业承诺	0.19**	0.05	0.13**	0.54**	——	——
职业满意度	0.17**	0.06*	0.15**	0.54**	0.55**	——

注：* 代表在 0.05 的水平上显著，** 代表在 0.01 的水平上显著。

相关分析表明，内在满足维度与工作卷入度、职业承诺和职业满意度都存在显著的正相关关系；外在报酬维度与工作卷入度和职业满意度存在显著的正相关关系，与职业承诺不存在明显的相关关系；和谐平衡维度与职业承诺和职业满意度存在显著的正相关关系，与工作卷入度不存在明显的相关关系。由此我们可以得出在内在满足这一维度得分较高的个体其工作卷入度、职业承诺和职业满意度均较高，在外在报酬维度上得分较高的个体其工作卷入度和职业满意度也相对较高，在和谐平衡维度上得分较高的个体其职业承诺和职业满意度均较高。大体上讲，这些结果与先前的研究结论是基本一致的，而且从道理上也是可以得到解释的。例如，我们可以设想将内在满足作为职业成功标准的人，希望在工作中发挥潜能、得到认可、完成挑战性的工作等，他们一定会更看重工作特征本身，在工作中更投入，对自己的职业也更加忠诚、满意，从而去追求获得内在满足的体验。将外在报酬视为职业成功标准的人，要获得晋升、加薪这些外在报酬最明显的标志，也只有通过工作的深度卷入才能实现。先前的研究已经证明，加班、长时间工作等这些工作卷入的行为可以预测一个人的外在职业成功（见文献综述），他们不一定对职业忠诚，可能机会主义的行为更多一些；工作过度卷入通常与家庭和谐平衡、身体健康相矛盾，因此，将和谐平衡视为职业成功标准的人，工作卷入度并不高。

4.3.4 问卷的项目分析和信度检验

利用第二次收集的969个样本，从职业成功观各维度的相关矩阵、各项目的内部一致性系数、单题与总分相关系数，删除该题后内部一致性系数的变化再次对问卷进行项目和信度检验，具体情况如表4—8和表4—9所示。

表4—8　职业成功观问卷的描述性统计与相关矩阵（N=969）

维度	M	SD	1	2	3
1. 内在满足	4.42	0.66	—		
2. 外在报酬	3.24	0.72	0.35**	—	
3. 和谐平衡	3.39	0.56	0.60**	0.34**	—

注：** 代表 $p<0.01$。

表4—9　职业成功观问卷三个维度的信度系数项目分析（N=969，Items=21）

项目	Cronbach alpha 系数	该题与总分相关	删除该题后内部一致性系数
内在满足	0.80		
项目1		0.55	0.86
项目2		0.48	0.86
项目3		0.55	0.86
项目4		0.51	0.86
项目5		0.50	0.86
项目6		0.55	0.86
项目7		0.52	0.86
项目8		0.57	0.86
外在报酬	0.81		
项目1		0.45	0.86
项目2		0.63	0.86
项目3		0.51	0.86
项目4		0.52	0.86
项目5		0.53	0.86
项目6		0.43	0.86
项目7		0.54	0.86
和谐平衡	0.77		

续前表

项目	Cronbach alpha 系数	该题与总分相关	删除该题后内部一致性系数
项目 1		0.61	0.86
项目 2		0.40	0.86
项目 3		0.59	0.86
项目 4		0.50	0.86
项目 5		0.55	0.86
项目 6		0.57	0.86
总问卷的信度系数为 0.87。			

以上结果显示，职业成功观问卷不论是总问卷还是问卷的各个维度，信度系数都在 0.77～0.87 之间，超过了一般信度系数应达到 0.70 的要求；从单题与总分相关来看，问卷的所有项目都与总分有较高的相关度，删除任何一个项目都不会引起问卷内部一致性系数的提高，这说明职业成功观问卷项目的设计合理，问卷的稳定性好。由于 Cronbach alpha 系数既是一个信度指标，同时也是研究结构效度的一个指标（戴海崎等，2002），这就为问卷的结构效度合理提供了又一个证据。

4.4 结论与讨论

4.4.1 结　论

（1）基于中国背景的职业成功观是一个三因子结构，三个因子分别是内在满足、外在报酬与和谐平衡。

（2）职业成功观的三个因子之间显著相关，第一个维度内在满足与第三个维度和谐平衡的相关程度（相关系数为 0.60）高于第一个维度内在满足与第二个维度外在报酬的相关程度（相关系数为 0.35）、第三个维度和谐平衡与第二个维度外在报酬的相关程度（相关系数为 0.33）。

（3）在归纳性研究基础上开发的包括 21 个项目的职业成功观问

卷具有良好的信度和效度。

4.4.2 讨　论

本研究开发了职业成功观问卷，验证了职业成功观的三维结构。以下我们将从职业成功观结构的内部关系、与其他相关研究结果的关联以及研究的改进几个方面做进一步讨论。

1. 职业成功观结构的内部关系

在本研究中，数据已经充分支持了职业成功观的三因子结构，揭示了职业成功观的内涵。虽然职业成功观只有内在满足、外在报酬、和谐平衡三个维度，但仔细甄别它所蕴含的内容就会发现其含义十分丰富，金钱、权力、地位、技能、尊重、认可、贡献、自由、健康、平衡等都已被囊括。三个维度之间显著相关（见表4—8），但相关程度有所不同，其中第一个维度与第二个维度的相关系数是0.35，第一个维度与第三个维度的相关系数是0.60，而第二个维度与第三个维度的相关系数是0.33。这种关系非常合理。第一个维度内在满足主要关注的是职场上精神性报酬的获得，诸如工作的挑战、理想的实现、技能的提高、潜能的发挥等，这些都不是第二个维度外在报酬中金钱和地位所能给予或剥夺的，被称为内在满足的这些项目与第三个维度关注的工作和家庭平衡、身心健康都更多依赖于自我的感受和判断，因此它们之间的相关明显高于其自身与第二个维度外在报酬的相关。

在对总体的解释率上，第一个维度内在满足贡献最大，占24.96%，外在报酬与和谐平衡分别占11.92%和8.36%。从被试者对问卷回答的均值上看，这个维度也得分最高。这与原来的预期有一些出入，由于职业成功观是一个新的构念，尚无相同的研究做基础，因此本研究没有提出任何职业成功观结构的假设，而是将职业成功观的结构作为一个研究的问题提了出来。但根据研究者日常的感性认知，原来预期外在报酬可能是最被人们强调的一个职业成功标准，因为它包括金钱收入、物质生活水平、权力地位等内容，从马斯洛需求层次理论来看，属于生存需要的升级，会被人们普遍看

重，成为职业成功最重要的指示器。但本研究显示，不是这些物质性的报酬，而是那些精神性的报酬在更大程度上被视为职业成功的标志，内在满足超越外在报酬成为职业成功观内部结构的最重要部分。这从理论上也完全能够得到解释。赫兹伯格的双因素理论指出，物质收入等因素是保健因素，只有与工作性质内容相关的精神性因素才具有激励的作用。成功是高于生存的一个概念，是在生存基础上追求的更高目标，所以人们会更多地将内在的精神性的获得视为成功的主要标志，即使是物质标准，也不是简单地满足衣食住行，而是要富裕、舒适，要有权，要控制而不是被控制，这样才能算得上成功。徐淑英等（2004）在最近一项对中国中层管理者雇佣关系的研究中发现，雇主为中层管理者提供的激励项目也有两个维度，第一个维度是发展性报酬，第二个维度是物质性报酬。在这里发展性报酬类似于内在满足的内容，成为激励维度的一个重要的因子，这两项报酬的内容也从一个侧面证明人们对这两类因素的重视，将其作为成功的标准也都在情理之中。

职业成功观的第三个维度是和谐平衡，包括 6 个项目，身体健康、有时间享受生活、家庭和睦、工作和家庭平衡被视为职业成功的标准。这是一个值得我们认真思考和讨论的问题。如果从严格的逻辑分析上来看，这似乎属于生活上的成功，与职业成功的概念有区别。事实上在研究的初期，我也曾尝试将成功的概念分为职业成功和生活成功分别加以探讨。但在访谈中，每每向受访者提问职业成功标准时，总有相当数量的人将工作和家庭平衡、身体健康算作职业成功的标准。例如有一次访谈一个企业的中层管理人员，当问及其心目中的职业成功标准时，他提出在繁忙的工作中能保持身心健康是职业成功的重要标志。当访谈者试图向其澄清职业成功的概念时，他强调在他心目中身体健康非常重要，是职业成功本身就包括的内容。“一个人职位再高，挣钱再多，如果英年早逝或疾病缠身，那还算什么职业成功?”他反问道。还有一位女士强调职业成功的定义不能和家庭的和谐美满分开，否则就算不上职业成功。这些观点很具有代表性。职业和生活是两个不同的概念，可又是两个无法分开的概念，相互渗透，相互交叉，也相互被定义，当人们谈到生活成功时也一定会以事业有成作为重要的一个指标。特别是现代职场上由于巨大工作压力导致的过劳死和工作和家庭冲突现象，促使人们重新思考人生的真谛和领悟生命的意义，“成功的职业，失败的个人”所描述的情境是人生的异化（Korman，1981），用透支生命健康或牺牲家庭幸福去换取高收入、高职位是得不偿失的。正是有了和谐平衡的理念，人们对职业成功的认知和把握才更接近生命、人生本来的意义。这种现象在西方的学术文献也有充分的体现。目前工作和家庭平衡是一个非常热门的研究课题。大量研究表明，工作和家庭的平衡或冲突与个体的身心健康及许多工作相关变量之间有着密切的联系（Frone et al，1992；Sue，2000），因此学术界开始进一步重新认识工作和家庭之间的关系。根据斯坦斯（Staines，1980）对文献的回顾研究可以看出，70 年代之前，受传统性别角色意识的影响，人们将工作和家庭看成是两个互不相干的维度，个体可以把在工作中建立的情感、态度和行为与家庭部分分割开来。然而，到了 70 年代，研究人员开始用开放系统的方法研究工作与家庭之间的关系，认为工作和家庭密不可分，相互影响，个人的感情充溢在两个系统之间，尽管存在工作和家庭之间身体上的暂时分离，但人们依然会将在工作中建立的情感、态度、技能和行为带进家庭，反之亦然。正是由于工作和家庭之间剪不断理还乱的这种关系，将身体健康、家庭和谐等看似边缘于职业领域的内容纳入职业成功的范畴，既可以获得理论上的解释，也已经得到经验的支持。这种现象充分证明职业生涯的定义已经被扩展到包括与工作相关的非工作特征。这说明一个人的职业生涯包括职业成功需要在其总的生活空间及整个生命过程中被考察（Van Maanen & Schein，1977）。

2. 与其他相关研究的关联

虽然职业成功观是本研究的一个新构念，在文献中还没有完全相同的研究可以对比，但当我们把这种在中国产生的知识同西方现有的相关研究以及归纳性研究的结果进行比较时，也会有一些有趣的发现。

（1）与职业价值观研究成果的关联。与职业价值观的研究相对比，我们会看到我们的研究结果与职业价值观结构的内在职业价值

与外在职业价值的分类方式极为相似（见文献综述），内在满足与内在职业价值相对应，外在报酬与外在职业价值相一致。虽然和谐平衡在本研究中成了一个单独的维度，但在职业价值观的条目中它也有一席之地，如吴铁雄（1996）、赵辉（2005）。在他们编制的职业（工作）价值观问卷中家庭与工作平衡就是一个单独的维度，在休珀（Super，1970）、米勒（Miller，1974）的研究中，生活、情感等归入了外在职业价值的维度，这些都说明生活自由、健康、家庭和谐平衡在人们的职业价值取向中有不可或缺的地位。

（2）与职业成功领域的研究相比照，职业成功观三个维度中内在满足、外在报酬与主观标准和客观标准的相似程度不言而喻，和谐平衡从未作为一个维度出现过，但在学者们的研究中也有用它作为主观标准的。这一切都向我们昭示出人类价值判断中的共性，这是不同民族、不同国家得以沟通交流和相互理解的基础。有两项与本研究相近的最新研究值得一提，一项是阿曼达等（Amanda et al.，2006）进行的一项定性研究。他们对 36 位 MBA 校友进行了深度访谈，以获得他们对自己的职业成功的解释，目的是检验获得 MBA 学位的有经验的管理者对职业成功的理解。与本研究职业成功观的归纳性研究使用的方法相一致，完全通过归纳的方法获得研究对象对职业成功的理解，结果获得了职业攀登、职业信心、职业选择、职业损害四个维度。职业攀登与本研究中的晋升相类似；职业信心用增强了的自信和个人成长来描述 MBA 职业成功，有些类似于内在满足中潜能发挥、技能增长的项目；职业选择是指选择机会的增多，与自主、自由等相类似；职业损害是指获得 MBA 学位带来的不利因素。研究证明了这些人更多用内部标准来理解或解释自己的职业成功。但与本研究相比，由于只研究了 36 名 MBA，并且对归纳的结果没有进行实证检验而缺乏更大的说服力。这项研究所解释的职业成功的定义也多包含在本研究的结论中，用来说明本研究结论的普遍性。另一项是维克托·刘等（Victor Lau et al.，2007）以香港地区企业家为对象的研究，也是用深度访谈归纳企业家对职业成功的理解，开发了企业家职业成功程度的量表。结果表明，职业成功包括社会地位、社会认可、社会声望、真实财务获取、贡献几个维度，这些也都在本研究中得到了验证。正如在归纳性研究中所分析的那样，对于职业成功内容的认识，东西方是没有什么本质差别的，可能不同的是对这些成功标准的重要性排序，未来研究可以比较中西方在这些方面有无差异。

（3）与本研究归纳性研究结果（内在、外在、混合三大类九个维度）相比较，三因子的结构大大简化了归纳性研究中三大类九个维度的结果。仔细对内容进行分析，可以发现在归纳性研究中作为几个维度出现的内容在定量分析中聚集在了一起，成了一个维度，如获得认同、才能发挥、自由快乐都聚集在内在满足维度中，而物质报酬、权力地位、绩效贡献聚集在了外在报酬维度，和谐平衡单独成为一个维度，安全稳定、关系网络却消失了。可能的原因是更多的人不认同安全稳定也是职业成功的象征，这个标准似乎太低了。而关系网络是中国人所重视的，但可能在人们的心目中它只是有助于职业成功的因素，而不是职业成功本身。究竟是什么原因，我们现在只能做这样的猜测，这也是定量研究的局限，它无法深度挖掘原因，可能需要再度使用深度访谈的方式去进行研究。

3. 研究的进一步深化

职业成功观从属于职业价值观，它与在研究中常见的择业观或其他职业价值观量表的区分效度也应该得到检验，这是本研究中的一个遗憾，未来的研究可以从这一方面进一步验证职业成功观量表的效度。

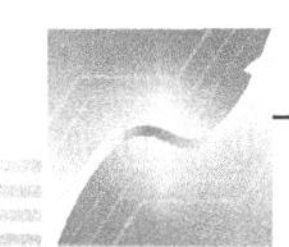

第 5 章 职业成功观的差异检验

5.1 研究目的

我们希望利用经过检验的职业成功观正式问卷，考察不同性别、不同职业生涯阶段、不同组织类型的被试者在职业成功观上的差异。这种差异检验，一方面可以作为职业成功观效度的进一步证明；另一方面可以深入探讨这些类似人口统计学变量对职业成功观的影响，为组织的人力资源管理提供心理上的依据。

5.2 研究变量的确定

本研究获取的人口统计学变量包括年龄、性别、婚姻状况、学历、工作类型、职位级别、工作单位性质等个人基本信息，这些变量在测量中除了年龄采用开放式填写，其余都提供了备选项。根据总的研究设想，在研究中没有采用通常的做法，逐一考察这些人口统计学变量对职业成功观的影响，而是将研究的范围定位在职业发展领域，从职业管理的角度选取与此关联密切的三组变量，分别是性别、职业生涯阶段、组织类型。

职业生涯阶段的划分依据沙因的职业生涯理论。沙因根据人类生命周期的特点对职业发展阶段进行划分，以每十年为一个职业生涯阶段。这和中国人的传统心理状态十分吻合，因为中国自古就有“三十而立，四十而不惑，五十而知天命……”的说法。我们采用了这一划分方式，将年龄重新编码，转化为类别变量，每十年为一个阶段，30 岁以下为职业生涯的早期，31～40 岁为中早期，41～50 岁中后期，51 岁以上样本数少，合并在了中后期。重新赋值为 1，2，3。这样我们只研究职业生涯的三个阶段。关于组织类型，我们将工作单位性质的六个选项分为三类，将国有企业、民营企业、外资企业合并为企业，其余两类是国家机关、高校及科研院所。由于先前很多研究证明性别是影响职业价值观的一个重要因素，故把性别也作为一组变量来研究。

5.3 研究假设

如文献回顾中所述，大量相关研究证明，个体人口统计学变量会对职业价值观产生重要的影响，但影响的方向并没有得到完全一致的结论。但大体说来，性别是职业价值观的一个重要影响因素(郑增财，2000)。米勒（Miller，1974)、施瓦茨（Schwartz，1990）的研究显示，在职业价值观上女性更看重内在价值，男性更注重外在价值，宁维卫（1996）和我国台湾学者吴铁雄（1996）也得出了基本一致的结论。在年龄上，也有很多证据证明其对职业价值观的影响（见文献综述)。现有的研究还表明，职业价值观受个人所在组织性质的影响。不同的组织由于文化、制度及管理方式等的不同，对员工的要求和期望也不同，进而对员工的价值取向产生一定的影响。秦启文和谭小宏（2006）在国有企业与民营企业员工职业价值观的比较研究中发现，国有企业员工的职业价值观在舒适与安全取向上显著高于民营企业员工，舒适安全属于外在价值；在能力与成长取向上国有企业员工则显著低于民营企业员工，能力与成长属于内在价值。

由于职业成功观尚属一个新的构念，我们还不能确切地说明这些变量对它的影响，本研究认为职业成功观是职业价值观的组成部分，因此可以推断职业成功观理应具备职业价值观的各种特性。事实上，也有相关研究证实人们对职业成功的定义时会随年龄的变化而不同的（Derr，1986）；性别不同，人们定义职业成功的方式也有差异（Keys，1985；Simpson，2000；Sturges et al.，1999）。因此，我们尝试性地提出如下粗略假设：

假设一：不同性别的个体在职业成功观上有差异，女性更认同内在满足与和谐平衡；男性更强调外在报酬。

假设二：职业生涯不同阶段的个体在职业成功观上有差异。

假设三：不同组织类型的个体在职业成功观上有差异。

假设四：性别、职业生涯阶段、组织类型对职业成功观的影响有交互作用。

5.4　研究方法

采用多因素方差分析来检验不同性别、职业生涯阶段、组织类型的个体在职业成功观上得分的差异。多因素方差分析不仅可以检验各个因素对因变量作用的显著性，而且可以检验因素与因素之间共同结合对因变量发生交互作用的显著性。由于本研究将年龄按职业生涯发展阶段划分为早期、中早期、中后期三个阶段，将组织类型分为企业、国家机关、高校及科研院所三种类型，性别是两个变量，职业成功观分为三个维度，这多个因素之间可能存在交互作用。为了同时考察三个变量对职业成功观的影响，选用多因素方差分析的手段是恰当的。本部分的样本是正式施测的 969 个有效数据，具体情况如表 4—4 所示。利用 SPSS 14.0 进行统计分析。

5.5 统计结果

5.5.1 总体描述

1. 变量的平均数和标准差

变量的平均数和标准差如表 5—1 所示。从平均值来看，内在满足得分最高，外在报酬得分最低，和谐平衡居中。这从总体上反映了样本职业成功观的状况。

表 5—1 变量的平均数和标准差

维度	样本量	平均值	标准差	最大值	最小值
内在满足	938	4.42	0.66	6.00	1.50
外在报酬	945	3.24	0.72	5.25	1.00
和谐平衡	956	3.40	0.56	4.50	1.25

2. 在职业成功观三个维度上不同自变量的平均数和标准差

（1）在职业成功观第一个维度内在满足上的平均值和标准差如表 5—2 所示。

表 5—2 在职业成功观内在满足维度上变量的平均值和标准差

<table>
<tr><th>职业生涯阶段</th><th>组织类型</th><th>性别</th><th>平均值</th><th>标准差</th><th>样本量</th></tr>
<tr><td rowspan="6">早期</td><td rowspan="2">企业</td><td>男</td><td>4.10</td><td>0.64</td><td>26</td></tr>
<tr><td>女</td><td>4.63</td><td>0.71</td><td>55</td></tr>
<tr><td rowspan="2">国家机关</td><td>男</td><td>4.52</td><td>0.68</td><td>62</td></tr>
<tr><td>女</td><td>4.54</td><td>0.69</td><td>46</td></tr>
<tr><td rowspan="2">高校及科研院所</td><td>男</td><td>4.51</td><td>0.73</td><td>45</td></tr>
<tr><td>女</td><td>4.52</td><td>0.70</td><td>48</td></tr>
<tr><td rowspan="6">中早期</td><td rowspan="2">企业</td><td>男</td><td>4.30</td><td>0.59</td><td>103</td></tr>
<tr><td>女</td><td>4.72</td><td>0.56</td><td>26</td></tr>
<tr><td rowspan="2">国家机关</td><td>男</td><td>4.23</td><td>0.62</td><td>60</td></tr>
<tr><td>女</td><td>4.31</td><td>0.67</td><td>36</td></tr>
<tr><td rowspan="2">高校及科研院所</td><td>男</td><td>4.28</td><td>0.65</td><td>36</td></tr>
<tr><td>女</td><td>4.36</td><td>0.68</td><td>27</td></tr>
</table>

续前表

职业生涯阶段	组织类型	性别	平均值	标准差	样本量
中后期	企业	男	4.37	0.65	104
		女	4.35	0.69	20
	国家机关	男	4.39	0.52	58
		女	4.59	0.67	32
	高校及科研院所	男	4.65	0.75	36
		女	4.64	0.61	36

从表 5—2 可以看出：在内在满足维度上，处于职业生涯阶段早期的个体，不管是在哪种组织类型中，女性的得分都高于男性，其中得分最高的是在企业工作的女性，得分最低的是在企业工作的男性。在国家机关和高校及科研院所工作的男性和女性得分差异较小。处于职业生涯阶段中早期的个体，女性的得分依然普遍高于男性，得分最高的是在企业工作的女性，得分最低的是在国家机关工作的男性，同时男性和女性之间的差异有所扩大。处于职业生涯阶段中后期的个体，情况较前期和中早期发生了较大变化，企业和高校及科研院所中男性的得分超过了女性，得分最高的是在高校及科研院所工作的男性，得分最低的是在企业工作的女性。

（2）在职业成功观第二个维度外在报酬上的平均值和标准差如表 5—3 所示。

表 5—3　在职业成功观外在报酬维度上变量的平均值和标准差

职业生涯阶段	组织类型	性别	平均值	标准差	人数
早期	企业	男	3.06	0.90	26
		女	3.37	0.72	55
	国家机关	男	3.42	0.78	62
		女	3.43	0.84	46
	高校及科研院所	男	3.21	0.80	45
		女	2.97	0.70	48
中早期	企业	男	3.27	0.65	103
		女	3.23	0.83	26
	国家机关	男	3.25	0.81	60
		女	3.45	0.47	36
	高校及科研院所	男	3.18	0.81	36
		女	3.12	0.66	27

续前表

职业生涯阶段	组织类型	性别	平均值	标准差	人数
中后期	企业	男	3.23	0.63	104
		女	3.41	0.51	20
	国家机关	男	3.16	0.66	58
		女	3.24	0.69	32
	高校及科研院所	男	3.13	0.74	36
		女	3.13	0.79	36

从表 5—3 可以看出：在外在报酬维度上，处于职业生涯阶段早期的个体，在企业和国家机关工作的女性得分高于男性，但是在高校及科研院所工作的男性得分高于女性。其中得分最高的是在国家机关工作的女性，得分最低的是在高校及科研院所工作的女性。另外在企业和高校及科研院所工作的男女得分差异较大，而在国家机关工作的男性和女性得分差异很小。处于职业生涯阶段中早期的个体，情况发生了变化。在企业和高校及科研院所工作的男性的得分要高于女性，但差别较小，而在国家机关工作的男性在该维度上的得分明显低于女性，其中得分最高的是在国家机关工作的女性，得分最低的是在高校及科研院所工作的女性。处于职业生涯阶段中后期的个体，情况较前期和中期又发生了变化，不管是在哪种组织类型中，女性的得分都高于男性，得分最高的是在企业工作的女性，得分最低的是高校及科研院所工作的男性。

（3）在职业成功观第三个维度和谐平衡上的平均值和标准差如表 5—4 所示。

表 5—4　在职业成功观和谐平衡维度上变量的平均值和标准差

职业生涯阶段	组织类型	性别	平均值	标准差	人数
早期	企业	男	3.34	0.66	26
		女	3.47	0.64	55
	国家机关	男	3.63	0.49	62
		女	3.69	0.50	46
	高校及科研院所	男	3.51	0.54	45
		女	3.63	0.55	48

续前表

职业生涯阶段	组织类型	性别	平均值	标准差	人数
中早期	企业	男	3.34	0.54	103
		女	3.54	0.58	26
	国家机关	男	3.38	0.54	60
		女	3.28	0.50	36
	高校及科研院所	男	3.26	0.52	36
		女	3.34	0.60	27
中后期	企业	男	3.19	0.53	104
		女	3.35	0.62	20
	国家机关	男	3.32	0.50	58
		女	3.51	0.54	32
	高校及科研院所	男	3.23	0.57	36
		女	3.41	0.53	36

从表 5—4 可以看出：在和谐平衡维度上，处于职业生涯阶段早期的个体，不管是在哪种组织类型中，女性的得分都高于男性，其中得分最高的是在国家机关工作的女性，得分最低的是在企业工作的男性，在企业和高校及科研院所工作的男性和女性得分差异较大。处于职业生涯阶段中早期的个体情况发生了变化，在企业和高校及科研院所工作的女性的得分高于男性。而在国家机关工作的男性的得分高于女性，其中得分最高的是在企业工作的女性，得分最低的是在高校及科研院所工作的男性。处于职业生涯阶段中后期的个体，情况和前期较为类似，不管是在哪种组织类型中，女性的得分都要高于男性，其中得分最高的是在国家机关工作的女性，得分最低的是在企业工作的男性。

上述差异是否显著，还需要通过方差分析进一步检验。

5.5.2　差异情况

1. 总体差异

表 5—5 是组织类型、职业生涯阶段和性别在职业成功观上差异的多元方差分析结果。

表 5—5　组织类型、职业生涯阶段、性别职业成功观差异的多元方差分析结果

相关变量	职业成功观	F 值	显著性水平
组织类型	内在满足	0.99	0.37
	外在报酬	4.83	0.00**
	和谐平衡	2.24	0.10
职业生涯阶段	内在满足	2.52	0.08
	外在报酬	0.13	0.87
	和谐平衡	10.44	0.00**
性别	内在满足	8.71	0.00**
	外在报酬	0.78	0.37
	和谐平衡	7.60	0.01**
组织类型×职业生涯阶段	内在满足	3.52	0.01**
	外在报酬	1.25	0.28
	和谐平衡	2.65	0.03*
组织类型×性别	内在满足	2.77	0.06
	外在报酬	1.75	0.17
	和谐平衡	0.77	0.46
职业生涯阶段×性别	内在满足	0.82	0.43
	外在报酬	0.13	0.87
	和谐平衡	0.61	0.54
组织类型×职业生涯阶段×性别	内在满足	1.77	0.13
	外在报酬	1.02	0.39
	和谐平衡	0.53	0.70

注：* 代表 $p<0.05$，** 代表 $p<0.01$。

从表 5—5 可以看出，职业成功观的三个维度在性别、职业生涯阶段、组织类型上表现出不同的差异：不同组织类型的个体在外在报酬维度上存在显著性差异；不同职业生涯阶段的个体在和谐平衡这一维度上存在显著性差异；不同性别的个体在内在满足与和谐平衡两个维度上存在显著性差异。通过对三个变量的交互作用分析我们发现，只有组织类型和职业生涯阶段在内在满足这一维度上存在显著的交互作用，其他维度上的交互作用均不显著。这一结果表明，人们的职业成功观受到性别、职业生涯阶段、组织类型的影响；虽然不同职业生涯阶段的人具有不同的职业成功观，但在不同的组织类型中这种年龄对职业成功观的影响并不相同。

2. 性别差异

首先看一下不同性别在职业成功观上的差异。在内在满足与和谐平衡两个维度上男性和女性之间存在显著性差异，而且女性显著高于男性；对于外在报酬这一维度而言，男性和女性之间并不存在显著性差异，如表 5—6 和图 5—1 所示。

表 5—6　　职业成功观的性别差异

变量	性别	平均值	标准差	F 值	显著性水平
内在满足	男	4.38	0.030	7.14	0.00**
	女	4.51	0.040		
外在报酬	男	3.66	0.038	0.44	0.50
	女	3.70	0.050		
和谐平衡	男	4.45	0.033	6.55	0.01*
	女	4.59	0.045		

注：* 代表 $p<0.05$，** 代表 $p<0.01$。

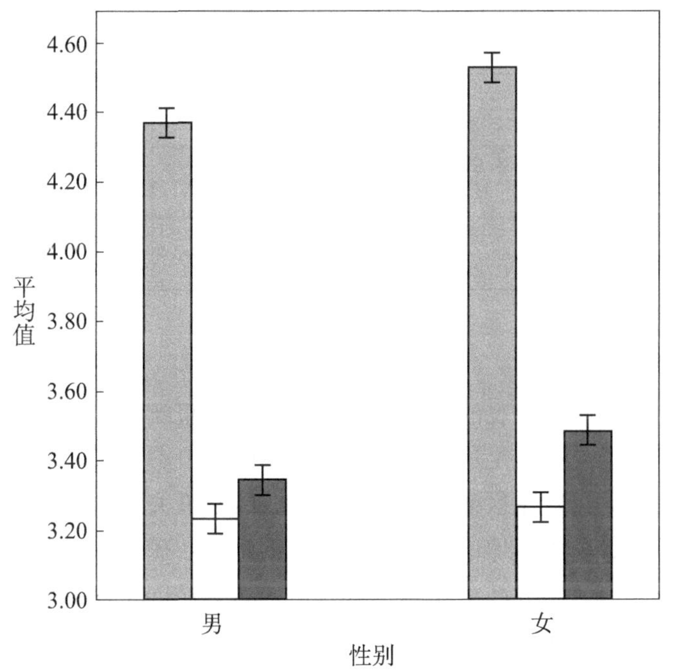

图 5—1　职业成功观的性别差异

从图 5—1 可以看出，尽管我们发现男性和女性在某些维度上存在差异，但是从总体来说不论是男性还是女性，职业成功观中内在满足维度的得分都较高，其次是和谐平衡和外在报酬，这说明内在满足更容易引起个体的职业成功感。

3. 职业生涯阶段的差异

对于内在满足、外在报酬这两个维度而言，不同的职业生涯阶段之间并不存在显著性差异；但在和谐平衡这一维度上，不同的职业生涯阶段之间的差异是显著的。具体表现为年龄在 30 岁以下的个体在该维度上的平均值显著高于其他两个年龄段内的个体，年龄介于 31～40 之间的个体在该维度上的平均值又显著高于年龄在 40 岁及以上的个体（见表 5—7 和图 5—2）。

表 5—7　　　　职业成功观的职业生涯阶段差异

变量	分段年龄	平均值	标准差	F 值	显著性水平
内在满足	≤30	4.47	0.04	2.52	0.08
	31～40	4.37	0.04		
	≥41	4.50	0.04		
外在报酬	≤30	3.24	0.04	0.13	0.87
	31～40	3.25	0.05		
	≥41	3.22	0.05		
和谐平衡	≤30	3.54	0.03	10.45	0.00**
	31～40	3.36	0.04		
	≥41	3.34	0.04		

注：** 代表 $p<0.01$。

4. 组织类型的差异

组织类型对职业成功观的影响主要表现在外在报酬、和谐平衡两个维度上，对于内在满足这一维度而言，不同的组织类型之间不存在显著性差异；在外在报酬这一维度上，在国家机关工作的个体得分的平均值显著高于其他两种组织类型中的个体，在企业工作的个体得分的平均值又显著高于在高校及科研院所工作的个体；在和谐平衡这一维度上，在国家机关工作的个体得分最高，在高校及科研院所工作的个体次之，在企业工作的个体得分最低（见表 5—8 和图 5—3）。

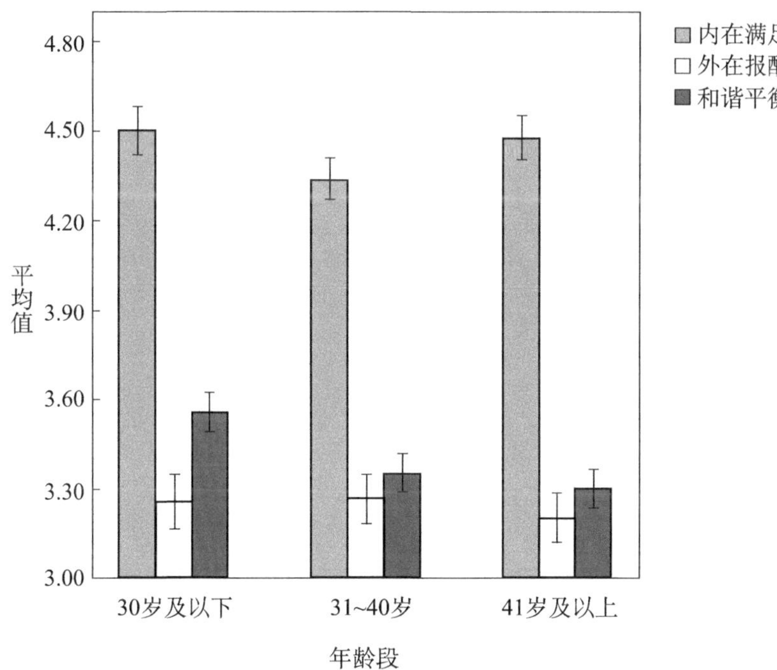

图 5—2 职业成功观的职业生涯阶段（年龄段）差异

表 5—8 不同组织类型在职业成功观上的差异

变量	组织类型	平均值	标准差	F 值	显著性水平
内在满足	企业	4.37	0.051	2.29	0.102
	国家机关	0.043	4.45		
	高校及科研院所	4.52	0.048		
外在报酬	企业	3.27	0.057	3.66	0.026*
	国家机关	0.048	3.28		
	高校及科研院所	0.053	3.11		
和谐平衡	企业	3.33	0.043	3.16	0.043*
	国家机关	0.036	3.46		
	高校及科研院所	0.040	3.37		

注：* 代表 $p<0.05$。

5. 职业生涯阶段与组织类型的交互作用

方差分析的结果表明，职业生涯阶段和组织类型在内在满足和和谐平衡两个维度上存在交互作用，因此，我们对这两个维度上的

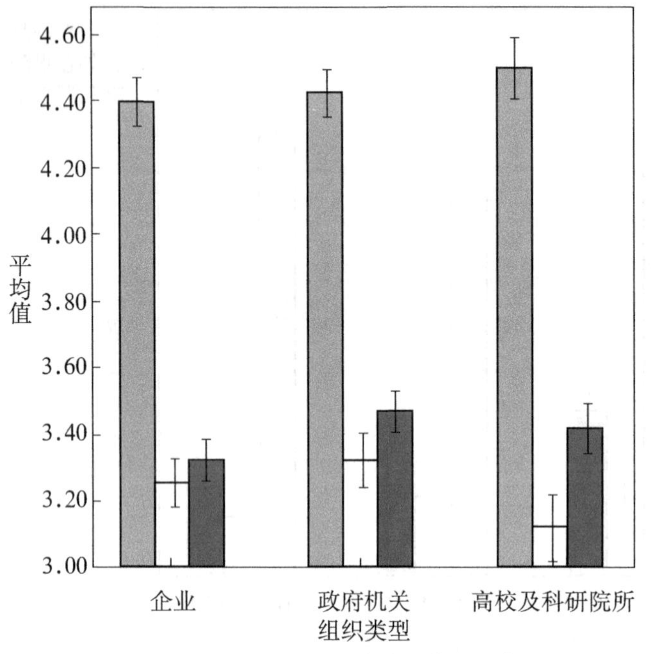

图 5—3　职业成功观的组织类型差异

交互作用进行了进一步的分析（见图 5—4 和图 5—5）。

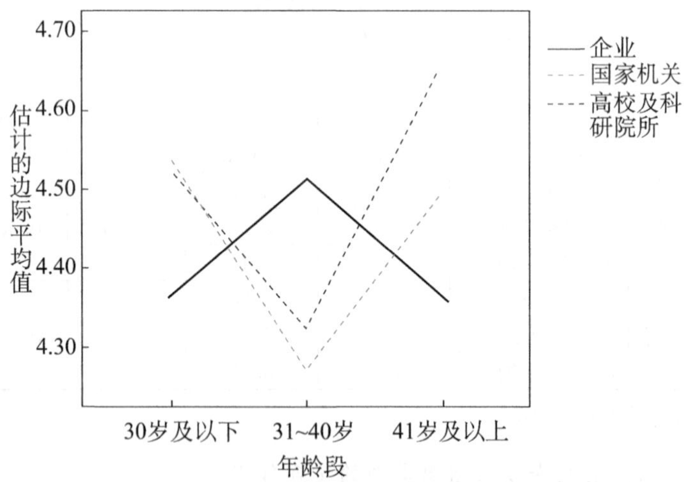

图 5—4　组织类型与职业生涯阶段在内在满足维度上的交互作用

从图 5—4 可以看出，在内在满足维度上，随着年龄的增长，国家机关和高校及科研院所的从业人员和企业的从业人员得分高低的趋势相反。国家机关和高校及科研院所的从业人员年龄在 30 岁及以下的得分较高，年龄处于 31～40 岁之间的得分最低，年龄大于 40 岁的得分逐渐升高。而企业的从业人员年龄在 30 岁及以下的得分较低，年龄处于 31～40 岁之间的得分最高，年龄大于 40 岁的得分逐渐降低。因此我们可以推断出，在不同的组织类型中年龄对职业成功观内在满足维度的影响并不相同。

从图 5—5 中可以看出，在和谐平衡维度上，随着年龄的增长，国家机关和高校及科研院所的从业人员和企业的从业人员得分高低的趋势相反。国家机关和高校及科研院所的从业人员年龄在 30 岁及以下的得分最高，年龄处于 31～40 岁之间的得分最低，年龄大于 40 岁的得分逐渐升高。而企业的从业人员年龄在 30 岁及以下的得分较低，年龄处于 31～40 岁之间的得分最高，年龄大于 40 岁的得分最低。因此我们可以推断出，在不同的组织类型中年龄对职业成功观和谐平衡维度的影响并不相同。

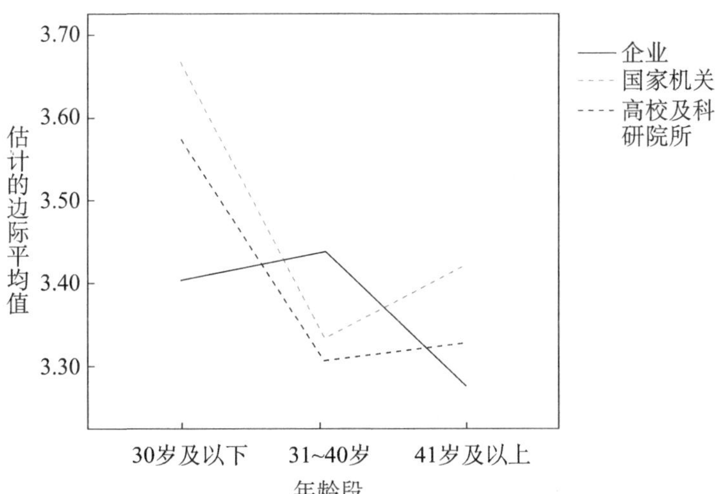

图 5—5　组织类型与职业生涯阶段在和谐平衡维度上的交互作用

5.6 结论与讨论

5.6.1 结 论

(1) 总体来说，样本人群在内在满足维度上得分最高，在外在报酬维度上得分最低，在和谐平衡维度上得分居中。

(2) 性别、职业生涯阶段、组织类型是影响职业成功观的重要变量。不同性别、不同职业生涯阶段、不同组织类型的人在职业成功观上有比较明显的差异，研究假设一部分得到证明，假设二和假设三大体得到证明。由于假设比较笼统，本研究的差异检验还进一步揭示了这种差异的复杂性，也就是说性别、职业生涯阶段、组织类型这三个变量在职业成功观上的差异各不相同，具体表现为：

1) 从性别看，与男性相比，女性更倾向于把内在满足与和谐平衡作为职业成功的标准。而在外在报酬这一维度上男性和女性之间并不存在显著性差异。

2) 从职业生涯阶段看，不同职业生涯阶段的人在和谐平衡这一维度上差异显著。具体表现为职业生涯早期的个体（30 岁及以下）最强调将和谐平衡作为职业成功标准，中早期（31～40 岁）次之，中后期（40 岁及以上）最低。

3) 从组织类型看，在外在报酬维度上存在显著性差异，国家机关的从业人员最看重这一标准，企业的从业人员次之，高校及科研院所的从业人员最低；在和谐平衡这一维度上，国家机关的从业人员得分最高，高校及科研院所的从业人员次之，企业的从业人员最低。

4) 在内在满足与和谐平衡维度上职业生涯阶段和组织类型之间有交互作用，假设四部分得到验证。也就是说，在职业生涯早期阶段的国家机关和高校及科研院所的从业人员（30 岁及以下）更看重内在满足维度，随着年龄的增长，中早期（31～40 岁）重视程度下降，中后期（41 岁及以上）又有所上升，呈倒三角形；企业的从业人员正好相反，中早期最重视和谐平衡，早期和中后期在该维度上

的得分都低于中早期，呈正三角形。在和谐平衡维度上走势基本相同。

5.6.2 讨　论

我们的研究再次为性别、职业生涯阶段（年龄段）、组织类型对职业价值观（包含职业成功观）的影响作用提供了证明。

1. 关于性别

在性别上与多数学者的研究结论相一致，本研究的结果也显示女性比男性更重视内在满足与和谐平衡。这一结果不难获得理论解释。施瓦茨（Schwartz，1992）认为，人类行为和态度的性别差异与个体成长过程中的各种经验有关。男性与女性价值观的差异，则是在社会化过程中，受到社会对男女角色期望的影响，并通过性别角色的作用，经由男性化气质和女性化气质，表现出不同的价值观。社会对男女两性的要求是不同的，通过社会文化、成文或不成文的规范、法律、制度、教育等，将男性及女性视为不同的群体而分别对其有所规范或期待，由此男女两性在社会中的地位、关系并不相同，对社会认知、评价的角度也不相同。男性的角色应该是粗犷、阳刚的，女性的角色则应该是细腻、阴柔的，在承担社会的角色类型上，男性意味着更多的责任、更重要的岗位，但在家庭中女性承担的角色和任务则比男性多。男女平等是社会进步的体现，但这不意味着性别差异的消失。女性关注精神层面的东西多一些，关注家庭生活多一些，也自然会把内在满足与和谐平衡作为职业成功的重要标志。在研究中我们还看到，女性在重视外在报酬方面和男性没有什么差异，似乎说明女性对职业成功的标准有更高更全面的要求。

2. 关于职业生涯阶段

不同职业生涯阶段的个体在对把内在满足和外在报酬作为职业成功标准的重视程度上没有差异。差异表现在第三个维度和谐平衡上。总体上，越年轻的人越倾向于强调和谐平衡。早期在该维度上的得分最高，依次下降，中后期得分最低。考虑到组织类型的交互作用，在不同的组织类型中，差异情况表现不同。在企业，在这一维度上得分最高的是31～40岁这个阶段，其次是30岁及以下阶段，最低的是40岁及以上这个阶段，31～40岁这一阶段与30岁及以下这一阶段差异不大，没有通过显著性检验。而在国家机关和高校及科研院所，得分最高的是30岁及以下的早期阶段，最低的是31～40岁的中早期阶段。无论处于何种组织类型，都是处在职业生涯早期阶段的个体更看重和谐平衡。这一有趣的现象让人有出乎意料之感。虽然我们缺少证据支持提出年龄越大的人越强调和谐平衡的假设，但在现实经验中我们还是倾向于认为，处在职业生涯早期阶段的年轻人，其主要任务是社会适应，学会接受组织和让组织接受自己，寻找适合自己的职业，并且会面临比较大的经济压力，又因刚参加工作，有一种天降大任的感觉，在对职业成功的定义上，会比职业生涯阶段中早期、中后期的个体更加重视外在报酬和内在满足。但数据分析的结果与我们的看法相反。对于这一现象，比较合理的解释可能是社会、经济、文化变化在这一代人身上的体现。30岁及以下的人大多是80后，在一个多元文化开放环境中成长起来，自我意识更强，更珍视生命，更重视自我价值。赵辉（2005）以企业员工为研究对象的关于职业价值观的研究也发现，30岁及以下组在工作和家庭平衡维度上的得分高于其他年龄组，并且差异显著。他们会把个人健康与事业成就、家庭与工作同等看待。而20世纪60年代以前出生的人，由于成长在计划经济时代，理想主义的教育使他们有一种献身事业的情结，受极左思潮的影响，他们容易忽略自身和家庭的价值，可能会把工作看得比家庭更重要。由此可见，社会历史的变迁比职业生涯阶段对个人职业成功观的影响更大。另外一种可能的原因是职业生涯阶段早期组对婚姻浪漫的期待和对爱情的渴望，本研究样本中这一阶段的人大部分未婚，即使结婚也婚龄较短，处在新婚阶段，对家庭和婚姻更重视。

3. 关于组织类型

在外在报酬与和谐平衡两个维度上，不同组织类型之间存在显著性差异，国家机关的从业人员在这两个维度上得分都最高。这说明组织的特性会对其成员的价值观产生重要的影响。在中国，国家机关是资源和权力的象征，虽然工资收入不高，但职业稳定性好，

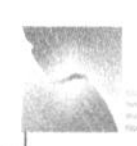

掌握的资源多，成为很多人心目中理想的工作单位。国家机关是比较典型的金字塔形结构，权力与待遇挂钩，除了职务晋升带来的收入增加，很难有别的正当收入。晋升是成功最重要的标志，“千军万马挤官道”的情形也是对这种职业成功观的最好诠释。因此，这一组人把外在报酬看得比其他两组重要，是可以理解的，同时，国家机关的工作重复性多、自主性低，创造性的空间较小，内在满足不易获得，这也可能导致他们很难将内在满足作为成功的标准。企业的机制更灵活，特别是高科技企业，专业技术人员拥有的技能会使他们更有成就感，不一定要靠行政职务的晋升来证明自己的价值。高校及科研院所是自由宽松的地方，从业人员的权力距离较小，自主性较强，重视内在满足顺理成章。

从图 5—3 可以看出，尽管不同的组织类型在某些维度上存在差异，但是从总体来说，不论是哪种组织类型的从业人员，其职业成功观中内在满足维度的得分都较高，其次是和谐平衡，最后是外在报酬，这说明内在满足更容易引起个体的职业成功感。由于需求层次理论具有广泛的普遍性，也由于现代人对自我内在价值的重视，因此不论是哪种组织类型的从业人员，其从内在满足这一维度上获得的职业成功感都将会更强，这一点并不随着行业和职业的变化发生较大改变。这一结果表明，现代中国人的职业成功观更加理性健全，对精神因素的追求超越物质因素，对健康和谐家庭的重视甚于金钱地位。对于生存来说，金钱是必需的，是基础性的；但对于成功而言，它却不是最重要的。职业的成功是每个人自己去定义的，职业的发展是每个人自己去创造的。每个人都可以从精神世界的广阔领域找到自己成功的机会和空间。

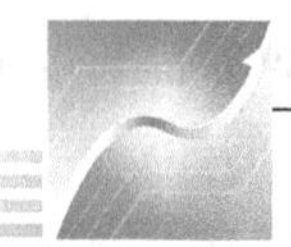

第 6 章

职业成功观的影响效应*

本章包含两项研究：一项是我国大学生职业成功观对其择业倾向的影响，探讨职业成功观的直接影响效应；另一项是职业成功和幸福感的关系，探讨职业成功观的调节效应。

6.1 我国大学生职业成功观对其择业倾向的影响

6.1.1 研究目的

本研究的目的在于：通过实证研究的方法，了解大学生职业成功观的总体情况，探讨职业成功观对大学生择业倾向的影响，以证明职业成功观对心理与行为倾向的直接作用。

---

① 参见周文霞、白玛央吉、李育辉：《我国大学生职业成功观差异及其对择业倾向的研究》，载《中国人力资源开发》，2009（11）。本书有删减。

6.1.2　研究假设

既然职业成功观是职业价值观的重要组成部分，那么，职业价值观的研究文献也就成为本研究假设的重要依据。针对大学生职业价值观的研究显示，大学生因性别、专业、家庭背景不同，在职业价值观上存在一定的差异。首先，由于生理、心理等因素的影响，男女大学生的职业价值观表现出一定的性别差异。曹瑞（2003）在对师范院校的调查中发现，在对理想职业部门的选择上，男大学生更多地考虑收入因素，女大学生更多地考虑文化教育及职业稳定因素。其次，由于知识结构和认知方式等方面的不同，不同专业的大学生表现出不同的职业价值观。阴国恩等（2000）的研究发现，大学生心目中的理想职业与其所学的专业存在一定的关系。再次，由于家庭是大学生个体成长的第一环境和个人社会化的主要场所，因此来自家庭的价值观取向、教育方式和言行举止将会影响个体将来的职业观念、态度和行为。例如，父母对子女期望过高，也易使大学生对职业期望值过高。最后，家庭的经济状况、社会地位等都对大学生职业价值观的形成具有一定的影响。随着家庭财富的增多，大学生选择具有风险性职业的可能性相应增加，而家庭职业不同也同样影响大学生的择业标准（黄星榕，2005）。以往的研究结果还显示，大学生的职业价值观对其择业倾向有直接的影响，越关注职业价值观中保健因素的研究生，越倾向于选择事业单位；越注重职业价值观中自我发展因素的研究生，越倾向于选择三资企业和事业单位（林晓华，2007）；大学毕业生的不同职业兴趣类型与工作价值观存在相关关系（将怀斌等，2008）。综上，本研究提出如下假设：

假设一：大学生的职业成功观总体上存在差异。

假设二：大学生的职业成功观与理想单位类型的选择相关。

假设三：大学生的职业成功观与理想职业类别的选择相关。

假设四：大学生的职业成功观与择业标准的选择相关。

6.1.3 研究设计

1. 测量工具

（1）职业成功观：本研究采用周文霞（2008）编制的职业成功观量表。量表共3个维度，21个题项，其中包括内在满足8个题项、外在报酬7个题项、和谐平衡6个题项，采用利克特6级量表计分方式，1表示十分不同意，6表示十分同意。该量表的总体内部一致性系数为0.84，三个分量表的内部一致性系数分别为：内在满足0.79、外在报酬0.80、和谐平衡0.76；验证性因素分析证实量表具有较好的结构效度；与工作卷入度、职业承诺和职位满意度三个变量的相关关系表明量表具有较好的构念效度。在本研究中，职业成功观量表总体的内部一致性系数达到0.87，三个分量表的信度系数也都在0.76以上，均超过了一般信度系数应达到0.70的要求，因此整个量表的内部一致性信度较高，结果令人满意。

（2）择业倾向：择业倾向主要从单位类型（国企、民企、外企、国家机关、科研教育机构、其他）、职业类别（管理人员、专业技术人员、自由职业者、自主创业者、其他）、择业标准（薪酬福利、工作地域、个人兴趣、专业对口、单位类型、培训深造机会、晋升机会等）的重视程度等角度考察。

2. 个人基本信息

包括被调查者的性别、学校、学历、年级、专业、家庭月收入水平、父亲的职业等基本信息。

3. 研究样本

本研究问卷的题项总数为57项，根据经验值，问卷填答的人数应该至少是题项数量的5倍，即调查数量应为285份，考虑到问卷的回收率及被试者填答的有效性，将调查数量确定为300份，并采取方便样本抽样，适当控制男女比例、学历比例、专业比例，在中国人民大学、北京大学、清华大学、北京理工大学、中国政法大学、中央民族大学等6所大学的本科生、研究生、博士生中发放。实际回收问卷300份，有效问卷264份，有效率为88%。

4. 统计方法

全部数据由 SPSS 13.0 统计软件进行统计分析。本研究主要采用的统计分析方法为描述统计、方差分析、相关分析和回归分析。

6.1.4　研究结果

1. 大学生职业成功观的总体描述

首先，从大学生职业成功观总体情况看，职业成功观的三个维度中，大学生在和谐平衡维度上的得分最高，在外在报酬维度上的得分最低，在内在满足维度上的得分居中。这表明，大学生在评价职业成功时，更看重生活、家庭和事业之间的平衡（见表6—1）。

表6—1　　职业成功观三维度的平均值与标准差

维度	平均值	标准差
内在满足	4.32	0.68
外在报酬	3.56	0.83
和谐平衡	4.74	0.88

其次，大学生职业成功观的三个维度在性别、学历、专业、父亲的职业以及家庭月收入水平上的总体情况如下：

（1）在性别上，女生在职业成功观三个维度上的得分均高于男生，其中在和谐平衡维度上男女生的得分差异最大，在其他两个维度上男女生的得分差异较小。

（2）在学历上，本科生在内在满足与和谐平衡维度上的得分均高于硕士生，硕士生在外在报酬维度上的得分高于本科生。在专业上，经济管理类学生在三个维度上的得分均为最高，法律社会类学生在内在满足维度上的得分最低，理工类学生在外在报酬维度上的得分最低，文史哲类学生在和谐平衡维度上的得分最低。

（3）在父亲的职业上，父亲是企业职员的学生在职业成功观三个维度上的得分均为最高，父亲是机关干部的学生在外在报酬与和谐平衡维度上的得分最低，父亲是农民的学生在内在满足维度上的得分最低。

（4）在家庭月收入水平上，家庭月收入水平在4 001～6 000元之间的学生在外在报酬维度上的得分最高，而家庭月收入水平在2 000元及以下的学生在外在报酬维度上的得分最低；家庭月收入水平在2 001～4 000元之间的学生在内在满足与和谐平衡维度上的得分最高，而家庭月收入水平在4 001～6 000元之间的学生在这两个维度上的得分最低。

2. 职业成功观与择业倾向的关系

以职业成功观三维度为自变量，分别以择业倾向各维度为因变量进行最优尺度回归分析，结果呈现在表6—2中。

表6—2　最优尺度回归分析结果

预测变量	单位类型		职业类别		薪酬福利择业标准		个人兴趣择业标准	
	β	F	β	F	β	F	β	F
内在满足	0.275	14.55***	0.033	0.21	0.112	2.42	−0.166	5.11*
外在报酬	−0.190	8.74**	−0.187	8.14**	−0.285	19.72***	0.108	2.71
和谐平衡	−0.113	2.62	−0.054	0.58	0.019	0.07	0.004	0.00

注：*代表 $p<0.05$，**代表 $p<0.01$，***代表 $p<0.001$。

（1）大学生的职业成功观与其选择的理想单位类型有关。内在满足和外在报酬对理想单位类型的选择有显著影响，并且内在满足的影响大于外在报酬的影响，而和谐平衡的影响不显著。在此基础上分析在各维度得分以均值划分的高分组和低分组大学生的理想单位类型选择的情况，结果显示，在内在满足维度上，高分组选择最多的是科研教育机构，占本组的26.35%，低分组选择最多的是国企，占本组的23.28%；在外在报酬维度上，高分组选择最多的是国家机关，占本组的25.68%，低分组选择最多的是科研教育机构，占本组的23.28%；在和谐平衡维度上，高、低分组选择最多的单位基本相同。

（2）大学生的职业成功观与理想职业类别有关。以职业成功观三维度为自变量，以理想职业类别为因变量进行最优尺度回归分析，结果显示，外在报酬对理想职业类别的选择有显著影响，内在满足与和谐平衡的影响不显著。

（3）大学生的职业成功观与择业标准有关。以各择业标准为因变量进行最优尺度回归分析，结果显示，职业成功观与工作地域、工作稳定性和行业发展前景三项择业标准的关系不显著，但与薪酬福利、个人兴趣两项择业标准之间的关系显著，结果呈现在表 6—2 中。职业成功观与薪酬福利择业标准之间的回归分析结果显示，外在报酬对薪酬福利择业标准的选择及重视程度有显著的影响，而内在满足与和谐平衡的影响不显著。

（4）职业成功观与个人兴趣择业标准。职业成功观与个人兴趣择业标准之间的回归结果显示，内在满足对个人兴趣择业标准选择及重视程度有显著的影响，而外在报酬和和谐平衡的影响不显著。

6.1.5　结论、讨论与建议

1. 结论

总体来说，在职业成功观三维度中，大学生在和谐平衡维度上的得分最高，在外在报酬维度上的得分最低，在内在满足维度上的的上得分居中。

父亲的职业、家庭月收入水平是影响大学生职业成功观的重要变量。父亲是教育科研人员的学生在内在满足维度上的得分显著低于父亲是机关干部和企业职员的学生，家庭月收入水平中等的学生在和谐平衡维度上的得分显著高于家庭月收入水平高的学生。性别、学历、专业、母亲的职业对大学生的职业成功观没有显著影响。

大学生职业成功观对择业倾向有显著影响，职业成功观三个维度中，外在报酬是影响择业倾向最主要的因素，它对理想单位类型、理想职业类别、薪酬福利择业标准的选择及重视程度均有显著影响。内在满足是影响择业倾向的另一个主要因素，它对理想单位类型和个人兴趣择业标准的选择及重视程度有显著影响，和谐平衡对择业倾向没有显著影响。

2. 讨论与建议

就职业成功观的总体情况而言，本研究显示，现代大学生最为看的是重和谐平衡这一维度，其次是内在满足，最后是外在报酬。

周文霞（2008）对在职人员职业成功观的研究结果是，他们在内在满足维度上的得分最高，在外在报酬维度上的得分最低，在和谐平衡维度上的得分居中。将其与本研究的结果相比，无论是大学生还是在职人员在外在报酬维度上的得分均最低，但大学生在和谐平衡维度上的得分最高，而在职人员在内在满足上维度上的得分最高。对于这一差异，我们在第5章做出了解释，不同职业生涯发展阶段的人在和谐平衡维度上的得分存在显著性差异，并且30岁及以下的人在和谐平衡维度上的得分最高，而本研究的样本绝大多数属于这一年龄段，因此，本研究与我们先前的研究结果基本一致。这说明，现代人所追求的职业成功不再是单一的物质报酬、财富地位等因素，越是年轻的一代，越看重家庭的和谐、工作和家庭的平衡，这是我们在进行人员激励时不可忽视的一个重要信号。

职业成功观作为职业价值观的重要组成部分，必然会影响人们的职业行为，这一论断在本研究中得到了证实。外在报酬是职业成功观三维度中对择业倾向影响最大的因素，在外在报酬维度上得分高的人，更倾向于选择一些收入高、权力大的单位（如国家机关）和职业（如管理人员），并且在择业时更看重薪酬福利因素。这从理论上完全能够得到解释，根据外在报酬维度的定义，在这一维度上得分高的人，评价职业成功时，更看重金钱、物质、晋升、权力等外在因素，体现在择业倾向上，也自然更倾向于选择与这些外在因素相关的选项。

内在满足是职业成功观三维度中影响择业倾向的另一个重要因素，在内在满足维度上得分高的人，更倾向于选择一些挑战性大、成就感高的单位（如科研教育机构），并在择业时更看重个人兴趣因素。根据内在满足维度的定义，在这一维度上得分高的人，在评价职业成功时，更看重自我潜能发挥、工作挑战性、同行认可、实现理想等内在因素，体现在择业倾向上，也自然更倾向于选择与这些内在因素相关的选项。

和谐平衡是职业成功观三维度中对择业倾向影响最小的因素，它对理想单位类型的选择、理想职业类别的选择以及择业标准的选择及重视程度均没有显著影响。在这一维度上得分高的人，在评价职业成功时更看重生活、家庭、事业之间的平衡，而这种平衡因素

无法与具体的单位类型、职业类别和择业标准因素直接联系，自然在择业倾向上没有得到体现。但这并不一定说明和谐平衡与择业倾向无关，未来的研究可以通过对择业倾向进行更细致的测量，来进一步考察和谐平衡对择业倾向的影响。

大学生是一个非常独特的群体，虽然他们还没有正式进入职场并开始其职业生涯，但大学生活是职业生涯的探索和准备时期，随着大学的不断扩招，高等教育已从精英教育进入大众教育阶段，大学也早就不再是象牙之塔。由于择业、就业的压力，越来越多的大学生从踏进大学校门之日起，就开始考虑自己未来的职业发展，积极联系实习，主动了解社会，为将来的就业打基础、作准备。当代大学生追求成功的动机高涨、自我实现的意愿强烈，研究大学生的职业成功观，了解大学生是如何看待职业成功的，有利于帮助大学生更加明确职业努力方向，完善个人职业生涯规划，也有利于学校就业指导机构为大学生提供更有针对性的就业指导。我们可以将上述研究结论用于实际管理工作。对于大学生来说，应加强对自我职业成功观的认识，认清自己职业发展的努力方向，从而进行更适合自己的职业生涯规划；对于高校就业指导机构来说，应当重视对大学生职业成功观的了解，以进一步加深对大学生择业倾向的认识，并在大学生遇到就业理想与现实选择的矛盾时，提供更具有针对性的就业指导和心理辅导，帮助大学生根据实际就业形势，做出更合理的调整；对于招聘单位来说，应当重视对应聘大学生职业成功观的分析，从而为制定更有效的人才吸纳策略，吸引符合要求的人才提供参考。

6.2　职业成功与幸福感：职业成功观的调节效应

6.2.1　研究目的

本研究的目的在于检验职业成功观在职业成功与幸福感之间的调节效应。

6.2.2 文献与假设

员工的幸福感在组织领域是一个重要的研究变量（Page & Vella-Brodrick，2009）。幸福感被定义为心理健康的一种持续的状态，包括认知判断和情感反应（Diener，1984）。心理上的幸福感有三个特征（Wright & Cropanzano，2000）。首先，幸福感是一种主观现象（Diener，1994），也就是说，当个体主观上认为自己很幸福时，他们就会感受到幸福；其次，幸福感包括一些情感状况（Argyle，1987），幸福的个体总能体验到积极的情绪，如喜悦、满足、激情等；最后，幸福感是对一个人一生的综合评价（Diener，1994）。毫无疑问，尽管幸福感也包括一些其他方面（如经济收入高、身体健康、家庭稳定、个性倾向性等），但职业经验是幸福感的一个重要决定因素（Judge & Locke，1993）。

1. 假设一

职业作为员工生活中非常重要的一部分，对个人的幸福感有很大的影响。先前的研究已经证明，职业成功与幸福感之间存在正向影响的关系（Boehm & Lyubomirsky，2008）。例如，与幸福感有关的因素包括收入水平（Diener & Biswas-Diener，2002）、上级良好的评价（Cropanzano & Wright，1999）、帮助工友（George，1991）、来自同事和上级的社会支持（Iverson，Olekalns & Erwin，1998）。在成功与幸福感这一研究领域，收入水平与幸福感之间的关系是热点问题。在西方社会的大多数组织中，报酬政策或报酬系统建立在这样的主张之上：客观收入状况的提高会使员工更加富裕，从而使他们变得更加幸福。这种观点是否正确？很多研究认为，尽管在数据上收入与幸福感的关系是显著的，但客观收入状况对幸福感的预测只发挥了很小的作用（Diener & Biswas-Diener，2002）。截至目前，很多有关成功与幸福感关系的研究只是把焦点聚集在收入水平和幸福感之上，而没有聚集到其他可作为客观成功指标的变量上。例如，很多研究者将与收入水平有很强相关性的职位晋升这一变量作为职业成功的重要预测指标（Judge & Bretz，1994；Judge

et al.，1995；Seibert，Crant & Kraimer，1999），一般而言，随着职务的晋升，收入水平也会上升。

基于前人的研究，可提出如下假设：

假设一（H1）：客观职业成功（薪酬（H1a）和管理层级（H1b））与幸福感之间存在正相关关系。

2. 假设二

尽管客观职业成功与主观职业成功具有相关性，但它们分属不同的概念（Judge & Bretz，1994）。主观职业成功在职业心理学领域是一个重要的结果变量，而对于主观职业成功这一概念的理解，在理论推演、定性研究与定量测量方面还存在许多差异。在很多定量研究中，一些变量可作为预测主观职业成功的指标，如工作满意度（Judge & Bretz，1994）、职业生涯满意度（Greenhaus，Parasuraman & Wormley，1990）、职业承诺（Johnson & Stokes，2002）、对职业成功的感知（Turban & Dougherty，1994）以及薪酬满意度（Lyness & Thompson，1997）。在很多研究中，研究者们认为主观上感觉成功的员工对工作也会更加满意，因此常用满意度来代替主观职业成功。同时，满意度与总体的幸福感之间具有很高的相关性，所以满意度也常被视为幸福感的一个重要组成部分（Wright & Cropanzano，2000）。职业满意度（或者工作满意度、薪酬满意度）只与具体的工作联系紧密，而不包含个体工作之外的生活方面，因此它不同于幸福感，幸福感涵盖个体生活的各个方面，比工作满意度包含的范围更广（Diener，1984）。但是工作、职业是任何一个个体生活中最重要的部分。因此，从逻辑的角度出发，感知到的主观成功可以提升员工的幸福感，有研究结果已支持上述观点（如 Bretones & Gonzalez，2010；Burke，2001；Judge & Hulin，1993）。伯克（Burke，2001）用来自保加利亚、加拿大、挪威、菲律宾和新加坡等国家的管理者和职业女性的不同样本，探索了工作经验与情绪幸福感之间的关系。结果表明，报告了更强主观职业成功（如工作满意度、职业生涯满意度）的管理者和职业女性心理满意度水平更高。尽管在不同的文化背景下存在一定的差异（Hofstede，1980），研究结果依然表明，文化差异并不是主观职业成功对员工满意度发生作用的一个影响因素。在一项元分析研究中，泰特、帕吉特和鲍德温（Tait，Padgett & Baldwin，1989）的研究发现，工作与生活满意度之间的平均相关系数为 0.44，一些研究者认为该结果证明了幸福感与工作满意度之间的联系（Staw & Ross，1985）。贾奇和胡林（Judge & Hulin，1993）的研究发现，工作满意度与幸福感之间有显著的因果关系。

综上所述，职业成功会导致更高的幸福感，因此我们提出如下假设：

假设二（H2）：主观职业成功与幸福感之间存在正相关关系。

3. 假设三

先前的研究已经证明了价值观对幸福感的影响。沙吉夫和施瓦茨（Sagiv & Schwartz，2000）研究发现，为了获得幸福感，个体会调整自己的行为以适应其已形成的价值观；同时，当个人的价值观获得满足之后，他们的幸福感也会随之得到提升。

从本质上说，个人对于成功的感知是以在客观情境下已经获得成功的人群为参照的，而并非仅仅来自对自身所获成就的满足（Korman，Wittig-Berman and Lang 1981）。因此，周文霞和孙健敏（2010）提出的职业成功观这一概念是员工对其职业领域的不同方面进行主观评估后所作出的更为全面的价值判断。不同个体对不同因素的关注程度不同，因此他们追求的职业目标不同。有关工作价值观的研究中，休珀（Super，1962）识别出指导个体工作行为和职业发展的不同目标，如自我表达、利他主义、创造力、独立性、安全感、声望、关系。沙因（Schein，1996）提出的职业锚模型认为，个体的职业生涯目标与他们的价值观和需求紧密相连，如自主权、安全感、能力、创造力、挑战、生活方式等。

人们对于职业成功的定义受到他们所处历史与文化情境的影响（Young and Collin，2004）。霍夫斯泰德（Hofstede，2001）认为，中国人价值观念的特点是：高权力距离、集体主义倾向、未来导向、不确定性规避水平低，这些特点与西方国家明显不同。因此，中国员工的主观职业成功可能带有自身文化的印记。周文霞和孙健敏（2010）探索了中国职业成功观的结构，并得出了三个结构维度：第

一，内在满足。指个人从职业中获得的内在满足感，如充分发挥个人的才干和潜能、知识和经验的积累、优秀的绩效、为组织作出独特的贡献、有益于社会、良好的职业信誉。第二，和谐平衡。指职业中积极的情感、工作和家庭平衡，如在工作中感受到快乐、好的工作和家庭平衡状况、身心健康状况良好。第三，外在报酬，如工作中金钱、权力、安全感、社会资本的获得。类似于一般价值观对个体幸福感的影响，员工的职业成功观作为一般价值观的一种特殊形式，也可对成功与幸福感之间的关系产生影响。

基于上述结论，本研究认为：员工的职业成功观可能是职业成功与幸福感之间的一个调节变量。具体来讲，由于视内在满足为职业成功的员工更加强调内在回报而非外在成就（如薪水），我们提出如下假设：

假设三（H3）：职业成功观的内在满足维度在客观职业成功（如薪水）与幸福感之间起调节作用，越是看重内在满足，客观职业成功与幸福感之间的关系越弱。

4. 假设四

主观职业成功（如职业满意度、工作满意度）是个体对成就的感知，是个体在评估自身的成功后对自己职业各个方面的满意度（Judge et al.，1995）。如前所述，主观职业成功不包括个体工作之外的生活的其他方面（Diener，1984）。个体对其工作领域的关注程度可能会对主观职业成功与幸福感之间的关系产生影响。也就是说，特别重视工作结果的员工，职业成功将会成为幸福感的一个重要预测变量。相关研究已经验证了工作的重要性对工作满意度和生活满意度之间的关系具有调节作用（如 Iris & Barrea，1972）。职业承诺是指个体对自己职业的卷入和认同的程度（Mueller，Wallace & Price，1992）。因此，职业承诺表示个体对工作的重视程度和卷入程度。高职业承诺者不仅会为自己设置较高的职业目标、会努力实现这些目标（Colarelli & Bishop，1990），而且会体验到更多的主观职业成功（Carson et al.，1999）和幸福感。换句话说，职业承诺水平低的员工很难获得幸福感。对于高职业承诺个体来说，主观职业成功会对幸福感产生重要影响；而对于低职业承诺个体来说，主观职业成功会降低对幸福感的影响。我们提出如下假设：

假设四（H4）：职业承诺在主观职业成功与幸福感之间起调节作用，职业承诺水平越高，主观职业成功与幸福感之间的关系越强烈。

本研究的假设模型如图 6—1 所示：

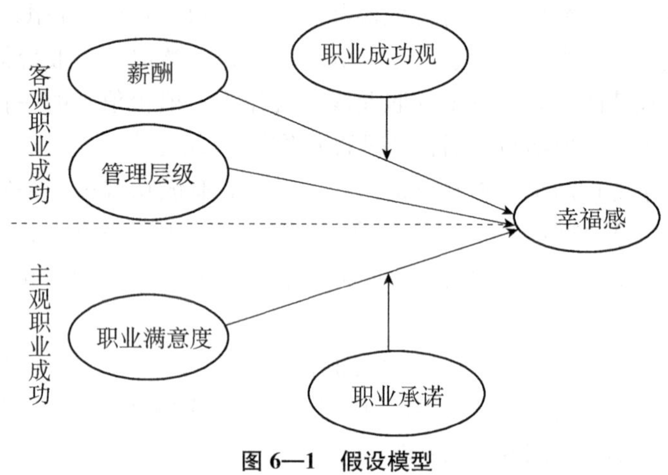

图 6—1　假设模型

6.2.3　研究方法

1. 测量工具

（1）客观职业成功。我们用税前月收入作为客观职业成功的衡量指标（共分为 8 个水平，3 000 元及以下记为 1，3 001～5 000 元记为 2，5 001～8 000 元记为 3，8 001～10 000 元记为 4，10 001～20 000 元记为 5，20 001～30 000 元记为 6，30 001～50 000 元记为 7，50 000 元及以上记为 8)，用 3 个变量来评估管理层级水平（基层记为 1，中层记为 2，高层记为 3)。这一测量方式与该领域的前人研究是一致的，即用薪酬和职位作为客观职业成功的预测指标（如 Judge et al.，1995)。尽管自己报告薪酬有很强的主观性，但是先前的研究已经发现，自我报告的结果与公司档案的记录情况有很高的相关性（Judge et al.，1995)。

（2）主观职业成功。与前人的研究一致（如 Judge et al.，1995；Seibert，Crant & Kraimer，1999)，本研究将职业满意度作为主观职业

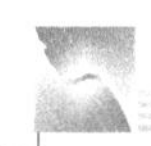

成功的预测指标。被试者在测量主观职业成功的 5 级量表上对自己的职业满意度进行评价（Greenhaus，Parasuraman & Wormley，1990）。例如，“我对自己为实现总体职业目标而取得的进步感到满意”。

（3）职业成功观。要求被试者评定每个题目用来表示自己的认同程度。所有题目均来自一个分问卷，即包含 8 个题目（内在满足）的“职业成功观调查问卷”（周文霞、孙健敏，2010）。例如，“职业成功是指一个人可以买得起豪宅、豪车等并且有很高的生活水平”。

（4）职业承诺。采用布劳（Blau，1985）的职业承诺量表，包含 8 个题目。

（5）幸福感。我们用一种广泛被采用的方式来测量幸福感——让被试者报告他们整体上感觉幸福的程度，这种方式既简单又准确。先前的研究表明，这种测量方式有一定的效度，与其他非正式报告的幸福感指标有一定的相关性（Sandvik，Diener & Seidlitz，1993）。

除了客观职业成功，所有问卷中的题目均采用利克特 6 级量表计分，从 1 非常不同意到 6 非常同意。

（6）人口统计学信息。被试者需要报告他们的年龄、性别、受教育水平及工作信息。前人研究已经论证了性别、受教育水平、工作经验等变量对职业成功的影响（如 Judge & Bretz，1994；Judge et al.，1995）。因此，在本研究中，将这些变量作为控制变量。

2. 被试者与测验程序

数据来自北京 4 所大学 13 个班级利用业余时间修 MBA 课程的学生以及有至少两年工作经验的在职研究生。调查问卷在下课后发放，30 分钟后回收。由于学生来自中国不同城市的不同组织，因此在不同的班级发放问卷能保证收集到不同的样本，同时也能保证回答率。与从某一组织中收集数据相比，本研究所用样本的不足在于组织背景缺乏一致性。然而，由于本研究更多地关注员工的职业生涯而非他们所在的组织，因此本研究中的数据样本有效。

共发放 1 200 份问卷，回收 1 097 份，回收率为 91.4%。剔除无效问卷，有效问卷为 994 份（629 名男性，365 名女性）。被试者的平均年龄为 35.86 岁（SD = 8.843），在当前职位的平均工作年限为

5.31 年（SD= 5.089）。从受教育水平看，5.1%的被试者为高中及以下学历，16%为大专学历，56.1%为本科学历，21.1%为硕士研究生学历，1.6%为博士研究生学历。从管理层级来看，29.1%为基层，49.5%为中层，21.2%为高层。

3. 数据分析

采用阶层回归分析法来验证研究假设。前期的数据分析结果显示，数据可用于多层回归分析。

6.2.4 研究结果

从平均水平来看，被试者报告的所体验到的幸福感为 4.55，薪酬水平为 2.37，任期为 5.13，管理层级为 1.92，职业满意度为 3.92，职业满意度、职业成功观与幸福感存在显著的相关关系，而薪酬水平、管理层级与幸福感之间的相关关系不显著，这一点与预期不一致。

1. 客观职业成功与主观职业成功对幸福感的影响

用层级回归分析的方法来检验薪酬水平、管理层级对幸福感的影响，结果 H1（b）不成立。控制年龄、性别、受教育水平三个变量后，薪酬水平对幸福感的作用显著，验证了 H1（a）。对薪酬水平的检验结果表明，薪酬水平对幸福感的影响很小（Diener & Biswas-Diener，2002）。也有研究认为，当收入水平较低时，它与幸福感的相关性更高（Diener & Biswas-Diener，2002）。为了验证该观点，我们观察了薪酬水平与幸福感两者之间的细微关系，结果发现，较低的薪酬水平（0～5 000 元）几乎与幸福感无关；薪酬水平在 30 000 元以上的群体幸福感处于中等水平，而且随着薪酬水平的进一步升高，他们的幸福感水平保持不变。因此，我们关注中等收入水平的被试者，并在考虑控制变量后，对该群体的数据进行了回归分析检验。结果显示，这些员工的薪酬水平对幸福感的影响非常显著。这就意味着，对于中等薪酬水平的个体而言，收入水平是幸福感的有效预测指标。

2. 职业成功观在客观职业成功和幸福感之间的调节作用

上述分析研究表明，薪酬水平和内部满意度之间的交互作用显著，图 6—2 即反映了两者的交互作用。从图中可以看出，内部满意度较低的员工比内部满意度较高的员工线段更加陡峭。因此，职业成功观（内在满足维度）调节了薪酬水平对幸福感的影响作用，H3 得到验证。

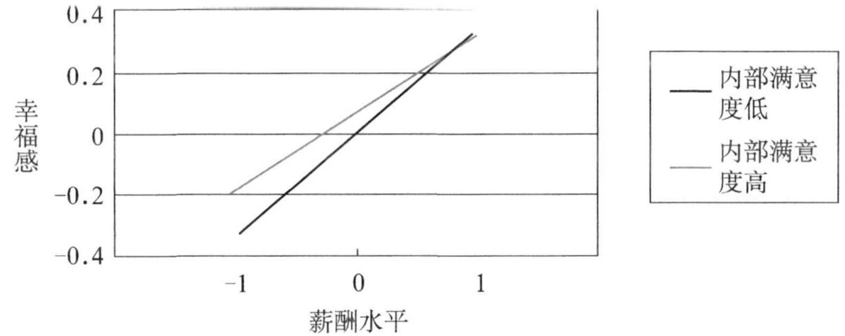

图 6—2　薪酬水平和内部满意度的交互作用

3. 职业承诺在主观职业成功和幸福感之间的调节作用

上述分析与研究表明，职业满意度和职业承诺之间的交互作用显著。图 6—3 即反映了两者的交互作用。从图中可以看出，职业承诺高的员工比职业承诺低的员工线段更加陡峭，因此，职业承诺调节了职业满意度对幸福感的影响作用，H4 得到验证。

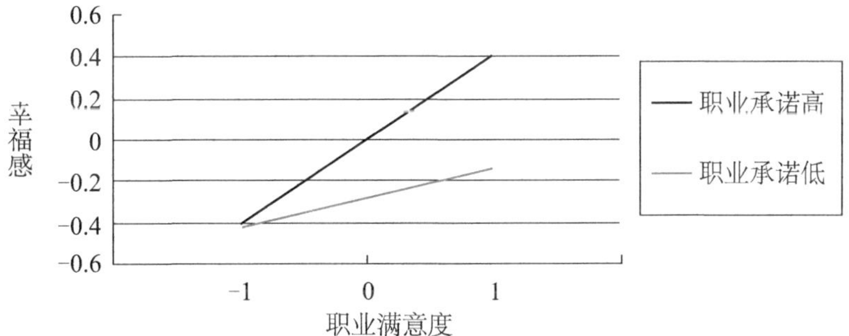

图 6—3　职业满意度与职业承诺的交互作用

6.2.5　讨论与总结

1. 讨论

本研究显示，薪酬水平对幸福感的影响较小。对于中等收入水平的人来说，薪酬水平对幸福感的影响是显著的，但对于低收入或高收入的个体来说，影响是不显著的。这个结果与以往研究的结论不同（Diener & Biswas-Diener，2002）。以往的研究是在西方社会中进行的，讨论的是如果个体处于中等收入或更高的收入阶层，增加收入不太可能从实质上获得幸福感。结论的不同可以从以下几个方面解释：首先，尽管中国经济持续发展，但总体上说仍是一个发展中国家，这意味着仍有很多收入较低的贫困人口。其次，作为一个发展中国家，中国贫富差距非常大。最后，中国员工的收入比发达国家中从事相同工作的员工少，也正因为如此，中国的劳动力比较廉价。基于以上各点，可以总结为在中国收入水平较低的人无法满足他们的基本需求，特别是住房之类的开销，并且房地产的价格还在持续上涨。这些人即使收入有微弱的增长，也不能显著提高生活水平或享受富裕的生活。之前的研究展示的是仅在满足基本需求的情况下收入会提高幸福感（Diener & Biswas-Diener，2002）。对于更高收入人群来说，他们的收入足以使他们享有富足的生活，并且收入的增加不会显著改变生活方式。因此，对于低水平收入和高水平收入而言，收入的小幅增长不会提高员工的幸福感。

H1b 没有得到支持。尽管地位较高的人有更多的权力，但他们也承受更多的责任，面对更大的压力、更复杂的问题和更艰巨的任务，这些都会影响他们增加幸福感的机会。

很多研究者都在探讨职业成功与幸福感的关系，但一直没有确切的研究结论。原因在于职业成功与幸福感之间有许多调节变量（如 Diener & Biswas-Diener，2002；Diener & Oishi，2000）。探索并检验这些调节变量是本研究的贡献之一。职业成功观对客观职业成功和幸福感关系的调节作用在本研究中得到支持。这是首次从职业成功观的视角探索这一问题，并且结论似乎与其他关于价值观的研究一致（Diener & Oishi，2000）。本结论可以使用需求理论解释，就是在能够满足人的需求的情况下薪酬水平的上升可以增加幸福感。人的需求可以从稳定的要素（如食物、水、衣服等）扩展到包括自尊、地位、自我实现等在内的更多要素。根据德西和瑞安（Deci & Ryan，1980）的自我决定理论，幸福感来自本质展现和自我努力。

在薪酬可以用于购买真正使人愉悦的东西并有能力满足基本的需求时，薪酬与幸福感的关系会保持不变。如果一个人更关注基本需求，收入的小幅提升对于幸福感的影响较弱。

在本研究中，我们也探索了主观职业成功和幸福感之间的关系，特别是引入职业承诺作为调节变量。作为主观职业成功的一个指标，职业满意度对幸福感的预测和调节作用均已得到验证。因此，依据员工对其职业的承诺程度，在工作中获得的满意度可以转化为总体上的幸福感。这也可以使用之前提到的需求理论进行解释。如果一个人对其职业认同并参与其中，对于职业成就的需求将代替其他因素对幸福感产生直接影响。丹尼尔和卢卡斯（Diener & Lucas，2000）提出的评价理论可以提供其他解释。他们认为，欲望的满足，特别是作为积极目标的欲望满足会影响幸福感。所以，当员工对他们的职业有所承诺，并将胜任工作或岗位要求作为他们追求的目标时，他们将感受到较高的职业满意度，总体的幸福感也会提高。

（1）对人力资源管理的启示。什么样的奖励是员工希望获得的？大多数企业想知道这个问题的答案。本研究解决了这一问题。关于收入的结论显示，薪酬作为激励工具扮演着重要的角色，它可以帮助员工满足他们的基本需求并显著提高他们的生活水平。但对于薪酬足够高的人来说，增加他们的薪酬不再是强有力的激励措施。他的需要从其他方面进行激励，如口头表扬、增加工作灵活性、授权、改善工作环境等。

对调节变量的检验表明，职业成功观调节了职业成功和幸福感之间的关系。特别是对内在满足得分高的人来说，薪酬水平对幸福感的影响较小。钱不是万能的，对不同的人所起的作用是不一样的。相反一个人对价值的感知在他的工作行为中起着至关重要的作用。

因此，最好是为具有不同职业成功观的员工设计灵活的薪酬奖励系统，以达到最好的激励效果。

当然也有来自资源和高层岗位的限制，不是每个人都有可能获得高额薪酬或快速晋升的。本研究展示的是基本薪酬水平下，主观职业成功显著影响幸福感，甚至比客观职业成功影响更大。因为职业满意度来自员工对于自己职业不同方面的评估，不同的鼓励方式，包括明确员工的贡献以及物质激励，会帮助他们平衡工作与家庭的关系，并对他们的任务提供额外支持。

本研究结论对人力资源管理的另一个影响是关于职业承诺，管理者应当考虑如何甄选和培训员工。尽管职业成功对总体幸福感有影响，但它的影响基于员工对他们职业的承诺程度。职业承诺决定了无论从工作中获得成就与否都将转化为总体上的幸福感。如果一个员工没有认同和重视他的职业，鼓舞/激励程序不会起到作用，无论所提供的激励措施多么诱人。这里有两个问题：一方面，雇主应该根据申请者对他们职业的承诺程度选择员工；这种承诺不仅有利于组织，也对个人的职业发展有帮助。另一方面，在职业承诺中，应当加强职业认同，因为它可以提高组织工作奖励的有效性，但这一点被许多雇主忽视。总的来说，本研究对人力资源管理实践者最主要的影响是，员工所持的理念应当作为人力资源管理过程中的一个基本要素加以考虑。

（2）局限和未来研究方向。尽管样本较大，本研究仍有一些局限。首先，尽管我们检验了不同收入水平对受访者幸福感的影响，最低薪酬水平（3 000 元及以下）在检验薪酬和幸福感的关系时仍需要进行细分（如 1 000 元及以下，1 001～2 000 元，2 001～3 000 元）。

此外，本研究是一个关于成功和幸福感关系的横向研究，尽管我们使用了多元回归方法并特别关注了调节变量，但它还不能建立两个变量之间的因果关系。因此需要纵向研究，因为纵向研究会对明确因果方向的问题提供时间序列的证据（Boehm & Lyubomirsky，2008）。

众多横向研究已经显示了不同文化背景下人们幸福感的显著差异（Rice & Steele，2004）。较少的研究试图讨论薪酬和幸福感之间的调节变量（如 Cropanzano & Wright，1999；Diener & Biswas-Diener，2002）。未来应当鼓励跨文化研究，使得复杂问题阐述得更清晰，特别是在不同国家中。

2. 小结

本研究探索了职业研究中成功与幸福感之间的关系，特别是二者之间的调节变量。结果验证了职业成功观（内在满足）调节薪酬与幸福感之间的关系，职业承诺调节职业满意度与幸福感之间的关系。

第7章 总结与建议

7.1 主要研究结论

7.1.1 关于职业成功观的结构

（1）基于中国背景的职业成功观是一个三因子结构，这三个因子分别是内在满足、外在报酬、和谐平衡。

（2）职业成功观的三因子是一个紧密联系的有机整体，其中内在满足是解释率最大的因子，其次是外在报酬，最后是和谐平衡，内在满足与和谐平衡的相关程度更高。

（3）维度一内在满足包含潜能发挥、理想实现、获得认可、挑战、有激情、技能突出、工作愉快、出色绩效等八个项目，与文献中的主观职业成功标准、内在职业价值相一致；维度二外在报酬包括财富、晋升、权力等七个项目，与现有文献中的客观职业标准、外在职业价值相吻合。维度三和谐平衡包括身心健康、家庭和睦、享受生活、工作和家庭平衡等六个项目。这是相对而言比较独特的维度。

（4）和谐平衡这一维度的出现，使职业成功观这个概念的内涵更为丰富，更接近生命的本质和人生的意义，表明现代中国人对职业成功的理性认识和全面追求。

7.1.2 关于职业成功观问卷

包括 21 个项目的职业成功观问卷是一个信度和效度均符合测量学要求的测量工具，可以广泛应用于对各类人员职业成功观的测量和跨文化职业成功观的研究。问卷共 3 个维度，21 个题项，其中内在满足 8 个题项、外在报酬 7 个题项、和谐平衡 6 个题项，采用利克特 6 级量表计分方式，1 表示十分不同意，6 表示十分同意。该问卷的总体内部一致性系数为 0.84，三个分量表的内部一致性系数分别为内在满足 0.79、外在报酬 0.80、和谐平衡 0.76；验证性因素分析证实量表具有较好的结构效度；与工作卷入度、职业承诺和职业满意度三个变量的相关关系表明量表具有较好的构念效度。

7.1.3 关于职业成功观的差异

（1）总体来说，样本人群在内在满足维度上的得分最高，在外在报酬维度上的得分最低，在和谐平衡维度上的得分居中。

（2）性别、职业生涯阶段、组织类型是影响职业成功观的重要变量。不同性别、不同职业生涯阶段、不同组织类型的人在职业成功观上有比较明显的差异。

1）从性别看，与男性相比，女性更倾向于把内在满足与和谐平衡作为职业成功的标准。而在外在报酬这一维度上男性和女性之间并不存在显著差异。

2）从职业生涯阶段看，不同职业生涯阶段的人在和谐平衡这一维度上差异显著。具体表现为职业生涯阶段早期的个体（30岁以下）最强调作为职业成功标准的和谐平衡，中早期（31～40岁）次之，中后期（40岁以上）最低。

3）从组织类型看，在外在报酬维度上存在显著差异，国家机关的从业人员得分最高，企业的从业人员次之，高校及科研院所的从业人员得分最低；在和谐平衡这一维度上，国家机关的从业人员得分最高，高校及科研院所的从业人员次之，企业的从业人员得分最低。

4）在内在满足与和谐平衡维度上，职业生涯阶段和组织类型之间有交互作用。

7.1.4　关于职业成功观的影响效应

职业成功观作为职业价值观的组成部分，既可以直接影响人们的择业倾向、择业行为；也可以作为调节效应，影响职业成功与幸福感的关系。

7.2　研究的贡献

7.2.1　理论贡献

（1）提出了职业成功观的新构念。在职业成功和职业价值观领域的交汇处找到了新的结合点，提炼出了职业成功观的新构念。与以往的研究中对职业成功标准是主观还是客观的争论相比，用职业成功观概括人们心中的职业成功标准，更有助于揭示职业成功概念的内涵和本质，更有利于职业成功理论的构建，也更容易对职场上职业成功的困境进行解释。

（2）构建了职业成功观的结构模型。职业成功不仅意味着财富地位，更意味着内在精神满足，同时还不能忽略工作与家庭和身心健康的平衡。这些职业成功的标准在以往的文献中多有提及，被作为操作化的定义散见于不同研究之中，但少有证据将它们系统联系在一起。本研究遵循亚瑟等（Arthur et al.，2005），赫斯林（Heslin，2005）等的建议，从被研究对象身上提取信息，系统研究了人们心目中职业成功概念的含义、职业成功标准的具体内容，形成了职业成功观的三维结构模型，丰富了职业成功概念的内涵，揭示了职业成功的本质，同时扩展了职业价值观的研究领域，打通了职业成功与职业价值观两个研究领域的通道，有利于在不同领域的交叉点上产生新的研究成果。

（3）开发了信度效度良好的职业成功观测量工具。这一工具为将理论用于实际奠定了基础。

（4）再次检验了职业成功观对个体心理与行为影响的直接效应与调节效应。以往的研究证实，职业价值观对人的心理和行为有影响，本研究进一步区分出职业成功观对人的心理和行为影响的两种不同方式：一种是直接影响，例如职业成功观对择业行为具有直接的预测效应；另一种是调节效应，例如职业成功观对收入晋升和幸福感关系的影响，这种调节作用说明，影响幸福感的不只是事实本身，与事实本身相比，人们对事实的解释、信念以及自身的价值观对其情绪、感受、幸福感影响更大。

（5）研究方法上有所突破。将定性研究与定量研究相结合，首先通过类似扎根理论的归纳性研究探索职业成功观的结构，建立职业成功观的初始量表，并通过探索性因素分析、验证性因素分析等手段对量表进行信度、效度检验，克服了单一研究方法的不足。将在定性研究中获得的结论用定量的方法进行检验，保证了研究结果的可靠性，这种研究方法是提出新的理论构念恰当而有效的研究战略，但是在先前的研究中很少被使用。

7.2.2 应用价值

在管理学领域的研究中，要想使好的理论构念能够运用于实际，就必须使该构念能够被有效测量。研究结果表明，新开发的量表理论依据合理，信度、效度较高，为了解人们的职业成功观以及进行跨文化研究提供了测量工具。

用研制的量表进行职业成功观的差异检验，发现了人们职业成功观的不同，这是职业成功观效度的又一种证明，说明其作为一种测量工具可以广泛运用于组织管理的各个领域，特别是人力资源管理的各个环节，如招聘甄选、培训开发、晋升提拔等。通过测量其职业成功观可以考察其与组织文化的吻合度、诊断出其在工作中的需求，可以做出合理的人事决策，制定有效的激励制度。对于个体来说，由于职业成功观具有导向作用和评价功能，会影响个体的职业生涯发展，因此个体可以通过测量和反省，认清自己的职业成功观，弄明白自己要的是什么样的成功，避免在职业发展中陷入成功和幸福的矛盾。

7.3　研究不足与未来研究建议

7.3.1　研究不足

（1）职业成功观是本研究提出的新构念。本研究强调职业成功观是职业价值观的组成部分，与职业成功观关联密切的测量工具有择业观等其他职业价值观量表，从理论上讲，它们同属职业价值观的范畴，应该既有关联，又有区别。没有进行区分效度检验，是本研究的一个遗憾。

（2）本研究揭示了职业成功观与作为态度变量的工作卷入度、职业承诺、职业满意度的相关关系，用以证明职业成功观问卷的构念效度，但它还不足以回答它们之间关系的方向，没有探讨职业成功观对这些态度变量的作用机制。这是本研究不够深入的地方。

（3）应该对职业成功观与人们的职业选择和职业发展策略的关系进行研究，以揭示和检验职业成功观的更多预测作用，使研究更加完善。

7.3.2　未来研究建议

本研究所开启的对于职业成功观的研究只是一个初步的尝试，

本领域有许多有趣的课题值得进行深入的研究。本研究存在的不足需要改进和完善，可以进一步用各种方式对职业成功观的构念和测量工具进行检验，如区分效度、效标关联效度等。

未来还可以深化职业成功观影响因素的研究。虽然以往尚无职业成功观方面的研究，但从对职业价值观的研究中我们可以发现，在影响职业价值观的前因变量上，被研究最多的是个人变量，包括年龄、性别、婚姻、受教育水平、职位等人口统计特点，也包括动机、人格、抱负等个性特征。虽然其他变量也有提及，但是还很不够。如果把职业成功研究的重点放在职业成功观上，只有个体变量的局限就显得更为突出。职业成功观作为价值观的重要组成部分，它的形成和发展过程必然受到家庭背景、职业群体、组织类型、社会环境的影响。目前从这些方面研究职业成功的文献很少，建议未来的研究多加关注。未来的研究还可以开展职业成功观的跨文化比较研究。

对职业成功观的结果性变量的研究不能仅停留在对它们之间关联的证明上，这些结果性变量主要包括工作满意度、组织承诺、职业承诺、组织公民行为、工作卷入度等。从理论推理上看，职业成功观与这些变量之间的关系常常是间接的，我们很难下结论说具有某种职业成功观的人一定会获得工作满足和对职业忠诚，未来需要进一步研究这些关系的中间变量，揭示职业成功观的作用机制，使职业成功观与常见的结果性变量之间的关系更加明朗化。

多学科的研究方法对于职业成功的研究非常适用，因为职业成功这个概念很难单独被任何一个学科概括，职业成功观的多元化特征需要从多种角度得到解释。从心理学角度关注个人特征对职业成功的影响，到社会学从家庭、职业、组织和社会环境角度对职业成功观差异的解释，以及经济学角度有关人力资本对职业成功的影响，通过多方面的探究，我们对职业成功的认识会更加全面。

职业成功是一个抽象的学术命题，也是一个实践的命题。从学术的角度来讲，职业成功是职业生涯理论研究的出发点和归宿。从1908年美国波士顿大学教授帕森（Parsons）提出的职业选择三步范式理论，到霍兰德（Holland）的人格—职业匹配理论以及沙因的职业锚理论，都暗含着帮助个人取得职业成功的理念。把职业成功作为职业生涯理论和职业价值观的一个交叉研究领域，加深对职业成功的理解和认识，有助于积累和完善有关职业生涯和职业价值观的理论和知识。总之，在任何一个研究领域，寻找新的研究角度、深化已有的研究课题，都是学者的使命和天职，我们应该为此而努力。

附　录

职业成功观调查问卷

本问卷专为学术研究需要而设计，您不必填写姓名，我们向您保证从问卷中获得的与个人相关的信息将绝对保密！您的参与对我们的研究非常重要，但是不完整的问卷将浪费我们双方的时间，敬请您完整填写所有问题。谢谢您对这项研究的参与和支持！

一、个人基本状况

1. 您的出生年月是：________年________月。

2. 您的性别是：

A. 男　　B. 女

3. 您的政治面貌是：

A. 中共党员　　B. 共青团员　　C. 民主党派成员　　D. 其他

4. 您目前的婚姻状况是：

A. 未婚　　B. 已婚　　C. 离异　　D. 丧偶

5. 您的最终学历是：

A. 高中及以下　　B. 中专　　C. 大专　　D. 本科

E. 硕士　　F. 博士

6. 您所学的专业是：

A. 理　　B. 工　　C. 农　　D. 医

E. 经济管理　　F. 文　　G. 师范

H. 其他（请填写）________

7. 您目前从事的工作类型是：

A. 行政事务　　B. 党务　　C. 人事　　D. 营销

E. 战略企划　　F. 工程技术　　G. 产品研发　　H. 财务

I. 其他（请填写）________

8. 您的职位级别是：

A. 初级　　B. 中级　　C. 高级

9. 您担任目前职位的时间长度是________年。

10. 您目前工作单位的性质：

A. 国有企业　　B. 民营企业　　C. 外资企业（包含合资企业）
D. 国家机关　　E. 科研院所　　F. 高等院校
G. 其他（请填写）________

11. 您工作以来晋升的次数是：________次（不论行政职务还是专业技术职务）。

12. 您的月收入是：

A. 3 000 元及以下　　B. 3 001～5 000 元
C. 5 001～8 000 元　　D. 8 001～10 000 元
E. 10 001～20 000 元　　F. 20 001～30 000 元
G. 30 001～50 000 元　　H. 50 001 元及以上

二、职业成功标准

每个人的心目中都有自己的职业成功标准，以下说法无对错之分，请按您的真实想法根据 1～6 标度在相应的选项上画“√”（如在电子版上直接填写，请将所选答案涂成红色即可）。计分方法为：

1 ＝十分不同意　　2＝不同意　　3＝比较不同意
4＝比较同意　　5＝同意　　6＝十分同意

1. 职业成功就意味着通过工作获得丰厚的物质报酬………………………………………………………………… ①②③④⑤⑥

2. 职业成功就是在职位上不断获得晋升，直到组织的高层………………………………………………………………… ①②③④⑤⑥

3. 在某一个专业领域技能特别突出，成为专家就是职业成功………………………………………………………………… ①②③④⑤⑥

4. 职业成功的定义不能与家庭的和睦美满分开………………………………………………………………… ①②③④⑤⑥

5. 职业成功就是在工作之余还有充分的时间享受生活………………………………………………………………… ①②③④⑤⑥

6. 工作中获得更多的权力，能够控制影响别人就是职业成功………………………………………………………………… ①②③④⑤⑥

7. 职业成功就意味着通过工作能赚很多钱，让家人过上舒适的生活…………………………………………………… ①②③④⑤⑥
8. 工作中能够实现自己的理想才算职业成功…… ①②③④⑤⑥
9. 解决别人解决不了的难题，为组织创造更好的绩效就是职业成功…………………………………………………… ①②③④⑤⑥
10. 工作中能够兼顾到家庭，工作和家庭平衡才算职业成功 ……………………………………………………………… ①②③④⑤⑥
11. 工作成绩再大，如果没有健康的身体，就不算职业成功 ……………………………………………………………… ①②③④⑤⑥
12. 同行的高度认可就是职业成功 ……………… ①②③④⑤⑥
13. 当我的潜能得到充分发挥时我才觉得算是职业成功 ……………………………………………………………………… ①②③④⑤⑥
14. 从事的是自己喜欢的职业，每天工作很愉快就是职业成功 ………………………………………………………… ①②③④⑤⑥
15. 职业成功意味着通过工作得到财务自由，想买什么就买得起什么 ……………………………………………… ①②③④⑤⑥
16. 个人生活、家庭、事业都达到一种平衡状态就是职业成功 ………………………………………………………… ①②③④⑤⑥
17. 住大房、开好车、穿名牌，达到中产阶层的生活水平就是职业成功 ……………………………………………… ①②③④⑤⑥
18. 不断从事有挑战性的工作就是职业成功 …… ①②③④⑤⑥
19. 在繁重的工作压力下依然保持身心健康就是职业成功 ……………………………………………………………… ①②③④⑤⑥
20. 工作中有热情有激情，感到充实就是职业成功 …………………………………………………………………… ①②③④⑤⑥
21. 独立掌管某一个部门，有决策权就是职业成功 …………………………………………………………………… ①②③④⑤⑥

三、工作卷入度

请在您认为最符合您的个人感受和想法的数字上画“√”。

1=十分不符合　　2=不符合　　3= 比较不符合

4＝比较符合　　5＝符合　　6＝十分符合

1. 我全身心地投入到我的工作中。	1　2　3　4　5　6
2. 我与我的工作同呼吸、共命运。	1　2　3　4　5　6
3. 对我的工作，我倾注了大多数的热情与兴趣。	1　2　3　4　5　6
4. 我感到与现在的工作紧密相连，不可分割。	1　2　3　4　5　6
5. 我的工作主导着我的多数人生追求与目标。	1　2　3　4　5　6
6. 我认为我的工作是我存在的核心。	1　2　3　4　5　6
7. 我乐于将绝大多数时间花在与工作有关的事情上。	1　2　3　4　5　6
8. 对我来说所有重要的事情都发生在我的工作领域。	1　2　3　4　5　6

四、职业承诺

请在您认为最符合您的个人感受和想法的数字上画“√”。

1＝十分不符合　　2＝不符合　　3＝比较不符合

4＝比较符合　　5＝符合　　6＝十分符合

1. 我喜欢现在的职业。	1　2　3　4　5　6
2. 只要拥有必需的钱，我还会从事现在的工作。	1　2　3　4　5　6
3. 现在的工作很理想，我不愿意放弃。	1　2　3　4　5　6
4. 我现在的职业是一个理想的、值得终身追求的职业。	1　2　3　4　5　6
5, 我花时间阅读与现在职业相关的资料。	1　2　3　4　5　6

五、职业满意度

请在您认为最符合您的个人感受和想法的数字上画“√”。

1＝十分不符合　　2＝不符合　　3＝比较符合

4＝比较不符合　　5＝符合　　6＝十分符合

1. 我对我的职业所取得的成功感到满意。	1　2　3　4　5　6
2. 我对为满足总体职业目标所取得的进步感到满意。	1　2　3　4　5　6
3. 我对自己满足收入目标所取得的进步感到满意。	1　2　3　4　5　6
4. 我对自己为满足晋升目标所取得的进步感到满意。	1　2　3　4　5　6
5. 我对自己为满足获得新技能目标所取得的进步感到满意。	1　2　3　4　5　6

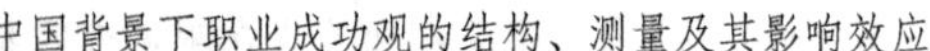

6. 我对自己家庭生活的平衡状态感到满意。	1	2	3	4	5	6
7. 我对自己工作中潜能发挥的状态感到满意。	1	2	3	4	5	6
8. 我在工作中充满成就感和自豪感。	1	2	3	4	5	6

参考文献

1. 艾尔·巴比．社会科学研究方法．北京：华夏出版社，2005.

2. 陈红雷，周帆．工作价值观研究的进展和趋势．心理科学进展，2003，11（6）．

3. 陈向明．质的研究方法与社会科学研究．北京：教育科学出版社，2004.

4. 曹国雄．工作价值对员工工作态度的影响．人力资源学报，1994（4）．

5. 曹瑞．山东省高师大学生职业价值观性别差异性的研究．德州学院学报，2003（1）．

6. 戴海崎等．心理与教育测量．广州：暨南大学出版社，2002.

7. 樊景立，钟晨波，丹尼斯·W·奥根．组织公民行为概念范畴的归纳性分析．见：徐淑英，刘忠明主编．中国企业管理的前沿研究．北京：北京大学出版社，2004.

8. 郭志刚．社会统计分析方法——SPSS软件应用．北京：中国人民大学出版社，2004.

9. 洪瑞斌，刘兆铭．工作价值观研究之回顾与前瞻．应用心理研究，2003（19）．

10. 胡蓝沁．大学生兼职与其工作价值观关系性之探讨．台东大学教育学报，1995，17（1）．

11. 黄国隆．台湾与大陆企业员工工作价值观之比较．本土心理学，1995（4）．

12. 黄同圳．青年劳工工作价值观与组织向心力之研究（青年辅导研究报告之93）．台北："行政院"青年辅导委员会，1993.

13. 黄希庭，张进辅，李红等．当代中国青年价值观与教育．成都：四川教育出版社，1994.

14. 黄英忠，黄培文．实习工作价值观的构建及其与工作投入的关系．观光研究学报，1992，10（11）．

15. 黄星榕．当代大学生职业价值观及其引导．福建工程学院学报，2005（5）．

16. 杰弗里·H·格林豪斯等．职业生涯管理（影印版）．北京：清华大学出版社，2000.

17. 简茂雄等．工作意义与工作投入之关系研究．台中：朝阳科技大学硕士论文，1992.

18. 蒋怀滨，林良章，吴清华，王艇．大学毕业生工作价值观与择业倾向的关系研究．福建论坛，2008（6）．

19. 金盛华，李雪．大学生职业价值观：手段与目的．心理学报，2005，37（5）．

20. 李元墩，钟志明．企业文化、员工工作价值观及组织承诺之关联性研究——以台湾地区主要集团企业为例．长荣学报，2001，4（2）．

21. 凌文辁，方俐洛，白利刚．我国青年学生的职业价值观研究．心理学报，1999，33（3）．

22. 龙立荣．职业生涯管理的结构及其关系研究．武汉：华中师范大学出版社，2002.

23. 林晓华．研究生自我效能感、职业价值观与职业选择关系研究．广州：广东外语外贸大学硕士论文，2007.

24. 倪陈明，马剑虹．企业职工的工作价值观与组织行为关系分析．人类工效学，2002，6（4）．

25. 宁维卫．中国城市青年职业价值观研究．成都大学学报（社科版），1996（4）．

26. 潘锦棠．劳动社会学．北京：中国劳动出版社，1991.

27. 邱皓政．结构方程模式．台北：双叶书廊有限公司，2004.

28. 孙晓军，周宗奎．探索性因子分析及其在应用中存在的主要问题．心理科学，2005，28（6）．

29. 秦启文，谭小宏．国有企业与民营企业员工工作价值观的比较研究．心理科学，2006，29（2）．

30. 王丛桂．社会转型中各世代的工作价值变迁．台北："行政院国家科学委员会"研究专题报告，1992.

31. 吴国存．企业职业管理与雇员发展．北京：经济管理出版社，1999.

32. 吴明隆．SPSS统计应用实务——问卷分析与应用统计．北京：科学出版社，2003.

33. 吴铁雄，李坤崇，刘佑星，欧惠敏．工作价值观量表之编制研究．台

北：“行政院”青年辅导委员会，1996.

34. 忻容，徐淑英，王辉，张志学，陈维正．国有企业的企业文化：对其维度和影响因素的归纳性分析．见：徐淑英，刘忠明主编．中国企业管理的前沿研究．北京：北京大学出版社，2004.

35. 徐淑英，王端旭，张一驰．中国中层管理者的雇佣关系：探究国有企业与非国有企业的区别．见：徐淑英，刘忠明主编．中国企业管理的前沿研究．北京：北京大学出版社，2004.

36. 姚裕群，朱启臻．选择职业的艺术．天津：天津人民出版社，1991.

37. ［英］耶胡迪·巴鲁．职业生涯管理教程．北京：经济管理出版社，2004.

38. 阴国恩，戴斌荣，金东贤．大学生职业选择和职业价值观的调查研究．心理发展和教育，2000（4）.

39. 赵辉．企业员工工作价值观的研究．开封：河南大学硕士论文，2005.

40. 郑增财．实用技能班学生价值观与学习行为之分析研究．台北：“国立”台湾师范大学工业教育研究所博士论文，2000.

41. 周文霞．基于知识经济背景的职业成功研究．中国人民大学学报，2007（4）.

42. 周文霞，辛迅，潘静洲，谢宝国．职业成功资本论：构建个体层面职业成功影响因素的综合模型．中国人力资源开发，2015（17）.

43. 周文霞，辛迅，谢宝国，齐乾．职业胜任力研究：综述与展望．中国人力资源开发，2015（7）.

44. 辛迅，周文霞．基于智能职业生涯理论的员工职业胜任力结构及效果研究．现代管理科学，2015（7）.

45. 周文霞，谢宝国，辛迅，白光林，苗仁涛．人力资本、社会资本和心理资本影响中国员工职业成功的元分析．心理学报，2015（2）.

46. 周文霞，白玛央吉，李育辉．我国大学生职业成功观差异及其对择业倾向的影响．中国人力资源开发，2009（11）.

47. 周文霞，孙健敏．中国情境下职业成功观的内容与结构．中国人民大学学报，2010（3）.

48. R. J. Aldag & A. P. Brief, “Some correlates of work values,” *Journal of Applied Psychology*, 1975, 60 (6): 757 - 760.

49. L. T. Hu & P. M. Bentler, “Cutoff criteria for fit indexes in covariance structure analysis: Conventional criteria versus new alternatives,” *Structural Equation Modeling*, 1999 (6): 1 - 55.

50. Amanda Hay & Myra Hodgkinson, "Exploring MBA career success," *Career Development International*, 2006, 11 (2): 108-124.

51. P. Anderson & S. Finkelstein, "Managing professional intellect: Making the most of the best," *Harvard Business Review*, 1996, 74 (2): 71-80.

52. M. B. Arthur & D. M. Rousseau, *The boundaryless career*, New York, Oxford University Press, 1996.

53. M. B. Arthur, K. Inkson & J. K. Pringle, *The new career: Individual action and economic change*, London, Sage, 1999.

54. M. B. Arthur, S. N. Khapova & Celeste P. M. Wilderom, "Career success in a boundaryless career world," *Journal of Organizational Behavior*, 2005 (26): 177-220.

55. S. Aryee & V. Luk, "Work and nonwork influences on the career satisfaction of dual-earner couples," *Journal of Vocational Behavior*, 1996 (49): 38-52.

56. S. Aryee, Y. W. Chay & H. H. Tan, "An examination of the antecedents of subjective career success among a managerial sample in Singapore," *Human Relations*, 1994 (47): 487-509.

57. S. Aryee, T. Wyatt & R. Stone, "Early career outcomes of graduate employees: The effect of mentoring and ingratiation," *Journal of Management Studies*, 1996 (33): 95-118.

58. S. Aryee & Y. A. Debrah, "A cross-cultural application of a career planning-model," *Journal of Organizational Behavior*, 1993 (14): 119-127.

59. S. D. Blake-Beard, "The costs of living as an outsider within: An analysis of the mentoring relationships and career success of black and white women in the corporate sector," *Journal of Career Development*, 1999 (26): 21-36.

60. G. J. Blau, "The measurement and prediction of career commitment," *Journal of Occupational and Organizational Psychology*, 1985 (58): 277-288.

61. M. R. Blood, "Work values and job satisfaction," *Journal of Applied Psychology*, 1969, 53 (6): 456-459.

62. K. A. Bollen, *Structural equations with latent variables*, New York, Wiley, 1989.

63. J. W. Boudreau, W. R. Boswell & T. A. Judge, "Effects of personality on executive career success in the United States and Europe," *Journal of Vo-*

cational Behavior, 2001 (58): 53－81.

64. N. Bozionelos, "Causal path modeling: What it does and what it does not tell us," *Career Development International*, 2003 (8): 5－11.

65. D. W. Bray & A. Howard, *Career success and life satisfactions of middle-aged managers*, in L. A. Bond & J. C. Rosen (Eds.), *Competence and coping during adulthood*, Hanover, NH, University Press of New England, 1980.

66. R. D. Bretz, J. W. Boudreau & T. A. Judge, "Job search behavior of employed managers," *Personnel Psychology*, 1994 (47): 275－301.

67. J. B. Breland, D. C. Treadway, A. B. Duke & G. L. Adams, "The interactive effect of leader-member exchange and political skills on subjective career success," *Journal of Leadership and Organizational Studies*, 2007 (13): 1 14.

68. C. Brown, C. Glastetter-Fender & M. Shelton, "Psychosocial identity and career control in college student-athletes," *Journal of Vocational Behavior*, 2000 (56): 53－62.

69. B. M. Bryne, *A primer of LISREL: Basic applications and programming for confirmatory factor analytic models*, Spriger-Verlag New York Inc., 1989.

70. A. K. Burlew & J. L. Johnson, "Role-conflict and career advancement among African-American women in nontraditional professions," *Career Development Quarterly*, 1992 (40): 302－312.

71. D. M. Cable & D. S. DeRue, "The convergent and discriminant validity of subjective fit perceptions," *Journal of Applied Psychology*, 2002, 87 (5): 875－884.

72. M. A. Campion, L. Cheraskin & M. J. Stevens, "Career-related antecedents and outcomes of job rotation," *Academy of Management Journal*, 1994 (37): 1518－1542.

73. K. Cannings & C. Montmarquette, "Managerial momentum: A simultaneous model of the career progress of male and female managers," *Industrial and Labor Relations Review*, 1991 (44): 212－228.

74. G. T. Chao, A. M. O'Leary-Kelly, S. Wolf, H. J. Klein & P. D. Gardner, "Organizational socialization: Its content and consequences," *Journal of Applied Psychology*, 1994, 79 (5): 730－743.

75. G. T. Chao, "Mentoring phases and outcomes," *Journal of Vocational Behavior*, 1997 (51): 15 - 28.

76. J. M. Chartrand & M. L. Rose, "Career interventions for at-risk populations: Incorporating social cognitive influences," *Career Development Quarterly*, 1996 (44): 341 - 354.

77. E. Y. Chi-Ching, "Perceptions of external barriers and the career success of female managers in Singapore," *Journal of Social Psychology*, 1992, 132 (5): 661 - 674.

78. L. R. Cochran, *The sense of vocation: A study of career and life development*, Albany, NY, State University of New York Press, 1990.

79. C. J. Cox & C. L. Cooper, "The making of the British CEO: Childhood, work experience, personality, and management style," *Academy of Management Executive*, 1989 (3): 241 - 245.

80. T. H. Cox & C. V. Harquail, "Career paths and career success in the early career stages of male and female MBAs," *Journal of Vocational Behavior*, 1991 (39): 54 - 75.

81. E. O. David & S. K. Balogun, "Role of informal mentoring in the career success of first-line bank managers: A Nigerian case study," *Career Development International*, 2005 (10): 6 - 7.

82. F. De Fruyt, "A person-centered approach to P-E fit questions using a multiple-trait model," *Journal of Vocational Behavior*, 2002 (60): 73 - 90.

83. R. J. DeFillippi & M. B. Arthur, "The boundaryless career: A competency based career perspective," *Journal of Organizational Behavior*, 1994, 15 (4): 307 - 324.

84. B. C. Derr, *Managing the new career success orientation of today's workers*, San Francisco, Jossey-Bass, 1986.

85. T. Donaldson & T. W. Dunfee, "Toward a unified conception of business ethics: Integrative social contracts theory," *Academy of Management Review*, 1994 (19): 252 - 284.

86. J. J. Dose, "Work values: An integrative framework and illustrative application to organizational socialization," *Journal of Occupational and Organizational Psychology*, 1997 (70): 219 - 240.

87. G. F. Dreher & J. A. Chargois, "Gender, mentoring experiences, and salary attainment among graduates of an historically black university," *Journal*

of Vocational Behavior, 1998 (53): 401 - 416.

88. G. F. Dreher & T. H. Cox, Jr., "Race, gender, and opportunity: A study of compensation attainment and the establishment of mentoring relationships," *Journal of Applied Psychology*, 1996, 81 (3): 297 - 308.

89. M. J. Driver, *Career concepts: A new approach to research*, in R. Katz (Eds.), *Career issues in human resource management*, Prentice-Hall, 1982.

90. L. T. Eby, M. Butts & A. Lockwood, "Predictors of success in the era of the boundaryless career," *Journal of Organizational Behavior*, 2003 (24): 689 - 708.

91. K. Eisenhardt, "Building theories from case study research," *Academy of Management Review*, 1989 (14): 532 - 550.

92. D. Elizur, "Facets of work values: A structural analysis of work outcomes," *Journal of Applied Psychology*, 1984 (69): 379 - 389.

93. L. R. Fabrigar, D. T. Wegener, R. C. MacCallum & E. J. Strahan, "Evaluating the use of exploratory factor analysis in psychological research," *Psychological Methods*, 1999 (4): 272 - 299.

94. D. Finegold & S. A Mohrman, *What do employees really want? The perception vs. the reality*, Paper presented at the annual meeting of the World Economic Forum, Davos, Switzerland, 2002.

95. M. R. Frone, M. Russell & M. L. Cooper, "Antecedents and outcomes of work family conflict: Testing a model of the work-family interface," *Journal of Applied Psychology*, 1992 (77): 65 - 78.

96. S. D. Friedman & J. H. Greenhaus, *Allies or enemies? How choices about work and family affect the quality of men's and women's lives*, New York, Oxford University Press, 2000.

97. U. E. Gattiker & L. Larwood, "Predictors for managers' career mobility, success, and satisfaction," *Human Relations*, 1988 (41): 569 - 591.

98. G. A. Callanan, "What price career success?" *Career Development International*, 2003, 8 (3): 126 - 133.

99. B. A. Gerhart & G. T. Milkovich, *Salaries, salary growth, and promotions of men and women in a large private firm*, in R. T. Michael, H. I. Hartmann & B. O'Farrell (Eds.), *Pay equity: Empirical inquiries*, Washington, National Academy Press, 1989.

100. R. N. Ghulam, "Situational characteritics and subjective career success: The mediating role of career-enhancing strategies," *International Journal of Manpower*, 2003 (24): 6－20.

101. I. Gianakos, "The relation of sex-role identity to career decision-making self-efficacy," *Journal of Vocational Behavior*, 1995 (46): 131－143.

102. Glenda Butler & Stephen J. Vodanovich, "The relationship between work values and normative and instrumental commitment," *Journal of Psychology*, 1992, 126 (2): 139－146.

103. S. Gould & L. E. Penley, "Career strategies and salary progression: A study of their relationships in a municipal bureaucracy," *Organizational Behavior and Human Performance*, 1984 (34): 156－170.

104. J. Greenberg & C. L. McCarty, *Comparable worth: A matter of justice*, in G. R. Ferris & K. M. Rowland (Eds.), *Research in personnel and human resources management*, Greenwich, CT, JAI Press, 1990 (8): 265－301.

105. J. H Greenhaus, S. Parasuraman & W. M. Wormley, "Effects of race on organizational experiences, job performance evaluations, and career outcomes," *Academy of Management Journal*, 1990 (33): 64－86.

106. T. G. Gutteridge, "Predicting career success of graduate business school alumni," *Academy of Management Journal*, 1973 (16): 129－137.

107. J. Hair, Jr., R. Erson & R. Tarham, et al., *Multivariate data analysis*, 4th ed., Englewood Cliffs, New Jersey, Prentice-Hall Inc., 1998.

108. D. T. Hall, *Careers in organizations*, Glenview, IL, Scott Foresman, 1976.

109. D. T. Hall & P. H. Mirvis, "The new career contract: Developing the whole person at midlife and beyond," *Journal of Vocational Behavior*, 1995 (47): 269－289.

110. D. T. Hall, "Protean careers of the 21st century," *Academy of Management Executive*, 1996 (10): 8－16.

111. D. T. Hall & D. E. Chandler, "Psychological success: When the career is a calling," *Journal of Organizational Behavior*, 2005 (26): 155－176.

112. J. I. Harris, S. K. Moritzen, C. Robitschek, A. Imhoff & J. L. A. Lynch, "The comparative contributions of congruence and social support in career outcomes," *Career Development Quarterly*, 2001 (49): 314－323.

113. M. C. Higgins & K. E. Kram, "Reconceptualizing mentoring at

work: A developmental network perspective," *Academy of Management Review*, 2001 (26): 264-288.

114. T. R. Hinkin, "A review of scale development practices in the study of organizations," *Journal of Management*, 1995 (21): 968-968.

115. J. L. Holland, *Making vocational choices: A theory of vocational personalities and work environments*, Odessa, FL, Psychological Assessment Resources, 1997.

116. S. T. Howard, L. F. Monica & E. S. Sherry, "Careers in a non-western context an exploratory empirical investigation of factors related to the career success of Chinese managers," *Career Development International*, 2006, 11 (7): 580-593.

117. A. Howard & D. Bray, *Managerial lives in transition: Advancing age and changing times*, New York, Guilford Press, 1988.

118. H. P. Gunz & Peter A. Heslin, "Reconceptualizing career success," *Journal of Organizational Behavior*, 2005 (26): 105-111.

119. E. C. Hughes, *Men and their work*, Glencoe, IL, Free Press, 1958.

120. A. E. Hurley & J. A. Sonnenfeld, "The effect of organizational experience on managerial career attainment in an internal labor market," *Journal of Vocational Behavior*, 1998 (52): 172-190.

121. Jacob W. Breland, Darren C. Treadway, Allison B. Duke & Garry L. Adams, "The interactive effect of leader-member exchange and political skill on subject career success," *Journal of Leadership & Organizational Studies*, 2007 (13): 3-15.

122. P. G. W. Jansen & B. A. M. Stoop, "The dynamics of assessment center validity: Results of a 7-year study," *Journal of Applied Psychology*, 2001, 86 (4): 741-753.

123. G. Jaskolka, J. M. Beyer & H. M. Trice, "Measuring and predicting managerial success," *Journal of Vocational Behavior*, 1985 (26): 189-205.

124. Jeffrery H. Greenhaus, Gerard A. Callanan & Veronica M. Godshalk, *Career management*, Beijing, Qinghua University Press, 2000.

125. C. D. Johnson & G. S. Stokes, "The meaning, development, and career outcomes of breadth of vocational interests," *Journal of Vocational Behavior*, 2002 (61): 327-347.

126. T. A. Judge, C. A. Higgins, C. J. Thoresen & M. R. Barrick,

"The big five personality traits, general mental ability, and career success across the life span," *Personnel Psychology*, 1999 (52): 621-652.

127. T. A. Judge & R. D. Bretz, "Political influence behavior and career success," *Journal of Management*, 1994 (20): 43-65.

128. T. A. Judge, C. J. Thoresen, V. Pucik & T. M. Welbourne, "Managerial coping with organizational change: A dispositional perspective," *Journal of Applied Psychology*, 1999, 84 (1): 107-122.

129. T. A. Judge, Daniel M. Cable, John W. Boudreau & Robert D. Bretz, Jr., "An empirical investigation of the predictors of executive career success," *Personnel Psychology*, 1995, 48 (3): 485-502.

130. M. K. Judiesch & K. S. Lyness, "Left behind? The impact of leaves of absence on managers' career success," *Academy of Management Journal*, 1999 (42): 641-651.

131. M. L. P. June, "Career commitment and career success: Moderating role of emotion perception," *Career Development International*, 2004 (9): 4-5.

132. W. A. Kahn, "Toward an agenda for business ethics research," *Academy of Management Review*, 1990 (16): 311-328.

133. A. L. Kalleberg, "Work Values and Job Reward: A Theory of Job Satisfaction," *American Sociological Review*, 1997 (42): 124-143.

134. R. N. Kanungo, "Measurement of job and work involvement," *Journal of Applied Psychology*, 1982 (67): 341-349.

135. D. E. Keys, "Gender, sex role and career decision making of certified accountants," *Sex Roles*, 1985, 13 (2): 33-46.

136. NamheeKim, Career success orientation of Korean employees and their preferred organizational interventions influencing employee career development, 2002.

137. J. F. Kinnane & J. R. Gaubinger, "Life values and work values," *Journal of Counseling Psychology*, 1963, 10 (4): 362-366.

138. C. Kirchmeyer, "Determinants of managerial career success: Evidence and explanation of male/female differences," *Journal of Management*, 1998 (24): 673-692.

139. A. M. Konrad & K. Cannings, "The effects of gender role congruence and statistical discrimination on managerial advancement," *Human Relations*, 1997, 50 (10): 1305-1328.

140. A. K. Korman, U. Wittig-Berman & D. Lang, "Career success and

personal failure: Alienation in professionals and managers," *Academy of Management Journal*, 1981, 24 (2): 342－360.

141. J. P. Kotter, *The general managers*, New York, The Free Press, 1982.

142. J. D. Krumboltz, *Improving career development theory from a social learning perspective*, in M. L. Savikas & R. W. Lent (Eds.), *Convergence in career development theories: Implications for science and practice*, Palo Alto, CA, CPP Books, 1994.

143. J. H. Lee & R. E. Nolan, "The relationship between mentoring and the career advancement of women administrators in cooperative extension," *Journal of Career Development*, 1998 (25): 3－13.

144. K. Lewin, T. Dembo, L. Festinger & P. Sears, *Level of aspiration*, in J. Mcv Hunt (Eds.), *Personality and the behavior disorders*, New York, Ronald Press, 1944.

145. E. A. Locke, *The nature and causes of job satisfaction*, in M. D. Dunnette (Eds.), *Handbook of industrial and organizational psychology*, Chicago, Rand McNally, 1976: 1297－1343.

146. L. H. Lofquist & R. V. Dawis, "Values as second-order needs in the theory of work adjustment," *Journal of Vocational Behavior*, 1971 (12): 12－19.

147. M. London & S. A. Stumpf, *Managing careers*, Reading, MA, Addison-Wesley, 1982.

148. K. S. Lyness & D. E. Thompson, "Above the glass ceiling? A comparison of matched samples of female and male executives," *Journal of Applied Psychology*, 1997, 82 (3): 359－375.

149. K. S. Lyness & D. E. Thompson, "Climbing the corporate ladder: Do female and male executives follow the same route?" *Journal of Applied Psychology*, 2000, 85 (1): 86－101.

150. L. L. Martins, K. A. Eddleston & J. F. Veiga, "Moderators of the relationship between work-family conflict and career satisfaction," *Academy of Management Journal*, 2002, 45 (2): 399－409.

151. Marinka A. C. T. Kuijpers, Bright Schyns & Jaap Scheerens, "Career competencies for career success," *Career Development Quarterly*, 2006, 55 (2): 168－179.

152. B. M. Meglino, E. C. Ravlin & C. L. Adkins, "A work values ap-

proach to corporate culture: A field test of the value congruence process and its relationship to individual outcomes," *Journal of Applied Psychology*, 1989, 74 (3): 424 - 432.

153. T. Melamed, "Career success: An assessment of a gender-specific model," *Journal of Occupational and Organizational Psychology*, 1996 (69): 217 - 242.

154. T. Melamed, "Career success: The moderating effect of gender," *Journal of Vocational Behavior*, 1995 (47): 35 - 60.

155. M. F. Miller, "Relational of vocational maturity of work values," *Journal of Vocational Behavior*, 1974 (5): 367 - 371.

156. M. B. Miles & A. M. Huberman, *Qualitative data analysis: An expanded sourcebook*, Sage, London, 1994.

157. A. C. T. Mrinka, S. Birgit & S. Jaap, "Career Competencies for Career Success," *Career Development Quarterly*, 2006, 55 (2): 168 - 183.

158. S. E. Murphy & E. A. Ensher, "The role of mentoring support and self-management strategies on reported career outcomes," *Journal of Career Development*, 2001 (27): 229 - 246.

159. A. J. Murrell, I. H. Frieze & J. E. Olson, "Mobility strategies and career outcomes: A longitudinal study of MBAs," *Journal of Vocational Behavior*, 1996 (49): 324 - 335.

160. N. Nicholson, "Purgatory or place of safety? The managerial plateau and organizational age grading," *Human Relations*, 1993 (46): 1369 - 1389.

161. Nigel Nicholson & Wendy De Waal-Andrews, "Playing to win: Biological imperatives, self-regulation, and trade-offs in the game of career success," *Journal of Organizational Behavior*, 2005 (26): 137 - 145.

162. B. Nikos, "The relationship between disposition and career success: A British study," *Journal of Occupational and Organizational Psychology*, 2004 (77): 403 - 420.

163. W. R. Nord, A. P. Brief, J. M. Atich & E. M. Doherty, "Work values and on job involvement," *Psychological Bullentin*, 1988, 84 (2): 275 - 279.

164. J. Nunnally, *Psychometric theory*, 3rd ed., New York, McGraw Hill, 1994.

165. C. A. O'Reilly, III & J. A. Chatman, "Working smarter and harder: A longitudinal study of managerial success," *Administrative Science Quarterly*, 1994 (39): 603 - 627.

166. C. Orpen, "The effects of mentoring on employees' career success," *Journal of Social Psychology*, 1995, 135 (5): 667 - 668.

167. C. Orpen, "The effects of performance measurability on the relationship between careerist attitudes and success," *Journal of Social Psychology*, 1998, 138 (1): 128 - 130.

168. J. V. E. Peluchette & S. Jeanquart, "Professionals' use of different mentor sources at various career stages: Implications for career success," *Journal of Social Psychology*, 2000, 140 (5): 549 - 564.

169. J. V. E. Peluchette, "Subjective career success: The influence of individual difference, family, and organizational variables," *Journal of Vocational Behavior*, 1993 (43): 198 - 208.

170. A. Heslin Peter, "Conceptualizing and evaluating career success," *Journal of Organizational Behavior*, 2005 (26): 113 - 136.

171. J. Pfeffer & J. Ross, "The effects of marriage and a working wife on occupational and wage attainment," *Administrative Science Quarterly*, 1982 (27): 66 - 80.

172. J. Pfeffer, *Organizational demography*, in L. L. Cummings & B. M. Staw (Eds.), *Research in organizational behavior*, Greenwich, CT, JAI Press, 1983: 299 - 357.

173. J. Pfeffer, "Organization theory and structural perspectives on management," *Journal of Management*, 1991 (17): 789 - 803.

174. A. Platt & R. Pollock, *Channeling lawyers: The career of public defenders*, in H. Jacobs (Eds.), *The potential of reform of criminal justice*, Beverly Hills, CA, Sage Publications, 1974: 235 - 256.

175. M. E. Poole, J. Langan-Fox & M. Omodei, "Contrasting subjective and objective criteria as determinants of perceived career success: A longitudinal study," *Journal of Occupational and Organizational Psychology*, 1993 (66): 39 - 54.

176. R. G. L. Pryor, "In search of a concept: Work values," *Vocational Guidance Quarterly*, 1979 (27): 250 - 256.

177. B. R. Ragins & J. L. Cotton, "Mentor functions and outcomes: A comparison of men and women in formal and informal mentoring relationships," *Journal of Applied Psychology*, 1999, 84 (4): 529 - 550.

178. M. Rokeach, *The Nature of Human Values*, New York, Free Press,

1973.

179. E. H. Schein, *Career dynamics: Matching individual and organizational needs*, Reading, MA, Addison-Wesley, 1978.

180. J. A. Schneer & F. Reitman, "Effects of alternative family structures on managerial career paths," *Academy of Management Journal*, 1993 (36): 830 - 843.

181. J. A. Schneer & F. Reitman, "The interrupted managerial career path: A longitudinal study of MBAs," *Journal of Vocational Behavior*, 1997 (51): 411 - 434.

182. J. A. Schneer & F. Reitman, "The importance of gender in mid-career: A longitudinal-study of MBAs," *Journal of Organizational Behavior*, 1994 (15): 199 - 207.

183. J. A. Schneer & F. Reitman, "The impact of gender as managerial careers unfold," *Journal of Vocational Behavior*, 1995 (47): 290 - 315.

184. S. A. Schwartz, *Universals in the content and structure of values: Theoretical advances and empirical tests in 20 countries*, in M. P. Zanna (Eds.), *Advances in experimental social psychology*, New York, Academic Press, 1992.

185. S. E. Seibert, J. M. Crant & M. L. Kraimer, "Proactive personality and career success," *Journal of Applied Psychology*, 1999, 84 (3): 416 - 427.

186. S. E. Seibert, M. L. Kraimer& J. M. Crant, "What do proactive people do? A longitudinal model linking proactive personality and career success," *Personnel Psychology*, 2001 (54): 845 - 873.

187. S. E. Seibert, M. L. Kraimer & R. C. Liden, "A social capital theory of career success," *Academy of Management Journal*, 2001 (44): 219 - 237.

188. S. E. Seibert & M. L. Kraimer, "The five-factor model of personality and career success," *Journal of Vocational Behavior*, 2001 (58): 1 - 21.

189. R. Simpson, "A voyage to discovery or a fact track to success: Men, women, and the MBA," *Journal of Management Development*, 2000, 19 (9): 764 - 782.

190. G. Staines, "Spillover versus compensation: A review of the literature of the relationship between work and nonwork," *Human Relations*, 1980 (33): 111 - 129.

191. A. S. Stephen, "Development of the relationship management survey:

A tool for assessing performance and career success of professional service professionals," *Journal of Organizational Communication and Conflict*, 2007 (11): 1.

192. S. Stewman & S. L. Konda, "Careers and organizational labor markets: Demographic models of organizational behavior," *American Journal of Sociology*, 1983 (88): 637 - 685.

193. L. K. Stroh, J. M. Brett & A. H. Reilly, "All the right stuff: A comparison of female and male managers'career progression," *Journal of Applied Psychology*, 1992, 77 (3): 251 - 260.

194. J. Sturges, "What it means to succeed: Personal conceptions of career success held by male and female managers at different ages," *British Journal of Management*, 1999, 10 (3): 239 -252.

195. Suc Campbell Clark, "Work/family border theory: A new theory of work/family balance," *Human Relation*, 2000 (53): 747 - 770.

196. D. E. Super, *Manual for the Work Values Inventory*, Chicago, Riverside Publishing Company, 1970.

197. A. W. Swinyard & F. A. Bond, "Who gets promoted?" *Harvard Business Review*, 1980, September-October: 6 - 18.

198. M. S. Taylor, G. Audia & A. K. Gupta, "The effect of lengthening job tenure on managers' organizational commitment and turnover," *Organization Science*, 1996 (7): 632 - 648.

199. Tharenou, "Is there a link between family structures and women's and men's managerial career advancement?" *Journal of Organizational Behavior*, 1999 (20): 837 - 863.

200. Tharenou, "Going up? Do traits and informal social processes predict advancing in management?" *Academy of Management Journal*, 2001 (44): 1005 - 1017.

201. P. Tharenou, S. Latimer & D. Conroy, "How do you make it to the top?" *Academy of Management Journal*, 1994 (37): 899 - 931.

202. A. J. Therese, B. Timothy & G. Terese, "Mentoring on perceived CS," *Journal of Amercian Academy of Bussiness*, 2004 (5): 1 - 2.

203. Thomas W. H. Ng, Eby, Sorensen & Feldman, "Predictors of objective and subjective career success: A meta-analysis," *Personnel Psychology*, 2005, Summer (58): 2 - 14.

204. R. L. Thorndike, "The prediction of vocational success," *Vocational Guidance Quarterly*, 1963 (11): 179 - 187.

205. M. Tremblay, A. Roger & J. M. Toulouse, "Career plateau and work attitudes: An empirical-study of managers," *Human Relations*, 1995 (48): 221 - 237.

206. A. S. Tsui & B. A. Gutek, "A role analysis of gender differences in performance, effective relationships, and career success of industrial middle managers," *Academy of Management Journal*, 1984 (27): 619 - 635.

207. D. B. Turban & T. W. Dougherty, "Role of protégé personality in receipt of mentoring and career success," *Academy of Management Journal*, 1994 (37): 688 - 702.

208. M. Useem & J. Karabel, "Pathways to top corporate management," *American Sociological Review*, 1986 (51): 184 - 200.

209. J. Van Maanen & E. Schein, *Career development*, in J. Hackman & J. Suttle (Eds.), *Improving life at work: Behavioral science approaches to organizational change*, Santa Monica, CA, Goodyear Publishing Co. Inc., 1977: 30 - 95.

210. J. R. Van Scotter, S. J. Motowidlo & T. C. Cross, "Effects of task performance and contextual performance on systemic rewards," *Journal of Applied Psychology*, 2000, 85 (4): 526 -535.

211. D. Vanus & I. McAllister, "Gender and Work Orientation," *Work and Occupations*, 1991 (18): 72 - 93.

212. P. L. Victor, A. S. Margaret & A. Kevin, "Entrepreneurial career success from a Chinese perspective: Conceptualization, operationalization, and validation," *Journal of International Business Studies*, 2007 (38): 126 - 146.

213. Victor P. Lau & Margaret A. Shaffer, "Career success: The effects of personality," *Career development international*, 1999, 4 (4): 225 - 250.

214. J. E. Wallace, "The benefits of mentoring for female lawyers," *Journal of Vocational Behavior*, 2001 (58): 366 - 391.

215. S. J. Wayne, R. C. Liden, M. L. Kraimer & I. K. Graf, "The role of human capital, motivation and supervisor sponsorship in predicting career success," *Journal of Organizational Behavior*, 1999 (20): 577 - 595.

216. M. Weber, *The Protestant Ethic and the spirit of capitalism*, New York, Scribner, 1930.

217. K. E. Weick, *Enactment and the boundaryless career*: *Organizing as we work*, in M. B. Arthur & D. M. Rousseau (Eds.), *The boundaryless career*, New York, Oxford University Press, 1996.

218. W. Whitely, T. W. Dougherty & G. F. Dreher, "Relationship of career mentoring and socioeconomic origin to Managers' and professionals' early career progress," *Academy of Management Journal*, 1991 (34): 331 - 351.

219. W. T. Whitely & Coetsier, "The relationship of career mentoring to early career outcomes," *Organization Studies*, 1993 (14): 419 - 441.

220. B. S. Wiese, A. M. Freund & P. B. Baltes, "Subjective career success and emotional well-being: Longitudinal predictive power of selection, optimization, and compensation," *Journal of Vocational Behavior*, 2002 (60): 321 - 335.

221. S. Wollack, J. G. Goodale & J. P. Wijting, et al., "Development of the survey of work values," *Journal of Applied Psychology*, 1971 (55): 331 - 338.

222. D. G. Zytowski, "The Concept of Work Values," *Vocational Guidance Quarterly*, 1970 (18): 176 - 186.

223. Pan J. Z. & Zhou W. X., "How do employees construe their career success: An improved measure of subjective career success," *International Journal of Selection and Assessment*, 2015 (23): 45 - 58.

224. Guan Y., Zhou W. X., Ye L., Jiang P. & Zhou Y., "Perceived organizational career management and career adaptability as predictors of success and turnover intention among Chinese employees," *Journal of Vocational Behavior*, 2015 (88): 230 - 237.

225. Zhou W. X., Sun J., Guan Y., Li Y. & Pan J., "Criteria of career success among Chinese employees: Developing a multi-dimensional scale with qualitative and quantitative approaches," *Journal of Career Assessment*, 2013 (21): 265 - 277.

226. Pan J. Z. & Zhou W. X., "Can success lead to happiness? The moderators between career success and happiness," *Asia Pacific Journal of Human Resources*, 2013 (51): 63 - 80.

227. Guan Y., Wang Z., Dong Z., Liu Y., Yue Y., Liu H., Zhang Y., Zhou W. X. & Liu H., "Career locus of control and career success among Chinese employees: A multidimensional approach," *Journal of Career Assessment*, 2013 (21): 295 - 310.

后　记

本书是在我博士论文的基础上扩充而成的。

我对职业成功研究领域的关注始于2005年，博士论文完成于2008年。博士论文完成后虽有如释重负之感，但更觉意犹未尽。在博士论文中，我提出了职业成功观的构念，主要研究了职业成功观的内容结构，开发了测量工具，并检验了不同职业生涯发展阶段、不同职业群体、不同性别之间职业成功观的差异。随后的几年里我和我的学生潘静洲、白玛央吉等围绕这一主题进一步探讨了职业成功观的作用，即职业成功观的预测和调节效应。上述研究的部分内容曾在不同期刊发表或在教材中使用，但都比较零散，不足以完整地表达我对职业成功观问题的研究和认识，因此，把它们聚合在一起，可能能够展示在这个主题研究上的进展，于是就有了这本书。

借此机会，感谢孙健敏导师的悉心指导和帮助；感谢论文开题和答辩时的专家彭剑锋教授、吴春波教授、张丽华教授、石勘教授、吴冬梅教授、Greg Wang 教授的点拨和指教；感谢我的同事朋友李超平、李育辉、徐世勇、刘颖、王青、王明姬等在论文写作过程中提供的帮助；感谢管延军，与管延军的合作，不仅使研究成果以英文发表，还激发我不断产生新的想法，合作还在继续。时间已过去多年，他们的帮助点点滴滴均历历在目，感激之情犹在心中。

感谢我的学生们对我的支持与理解，特别是潘静洲沿着我博士论文的思路，在他的博士论文中修订简化了职业成功观的问卷，并深化了职业成功观的研究。今年辛璐又知难而进，再次选择了跟进职业成功观这一主题的研究。我的所有学生，感激与你们相遇，爱你们！

感谢我的家人，这份感谢以不足用语言表达，还是默存于心吧。